Les reines de France

Dans la série Mémo

Conjugaison française, Librio n° 470
Grammaire française, Librio n° 534
Conjugaison anglaise, Librio n° 558
Le calcul, Librio n° 595
Orthographe française, Librio n° 596
Grammaire anglaise, Librio n° 601
Solfège, Librio n° 602
Difficultés du français, Librio n° 642
Vocabulaire anglais courant, Librio n° 643
Conjugaison espagnole, Librio n° 644
Les rois de France, Librio n° 650
Dictées pour progresser, Librio n° 653
Dictionnaire des rimes, Librio n° 671
Le français est un jeu, Librio n° 672
Figures de style, Librio n° 710
Mouvements littéraires, Librio n° 711
Grammaire espagnole, Librio n° 712
Latin pour débutants, Librio n° 713
Histoire de l'art et des styles, Librio n° 714
Formulaire de mathématiques, Librio n° 756
La cuisse de Jupiter, Librio n° 757
Maths pratiques, maths magiques, Librio n° 763
Le dico de la philo, Librio n° 767
La géométrie, Librio n° 771
Le mot juste, Librio n° 772
Chronologie universelle, Librio n° 773
Petit atlas de la France d'aujourd'hui, Librio n° 780

Patrick Weber

Les reines de France

Librio

Inédit

Sommaire

[Note de l'éditeur]

Avant Marie d'Anjou, il existe très peu
de portraits ou de représentations des reines.

Introduction

« *Le royaume de France ne tombe pas en quenouille...* »

L'expression paraît aujourd'hui désuète et, pourtant, elle fut d'application pendant les quatorze siècles que dura la monarchie française. Contrairement à d'autres pays comme la Grande-Bretagne, l'Espagne ou la Russie, la couronne française ne s'est jamais portée au féminin. À certains moments de l'histoire – par exemple la succession des enfants de Philippe le Bel – le destin a failli basculer et des voix se sont élevées pour permettre l'accession des femmes au trône. Mais l'éventualité a rapidement été balayée et les reines de France se sont contentées d'être les épouses des rois.

Leur rôle essentiel tient en deux mots : agrandir et procréer. Agrandir le domaine royal en apportant des terres en dot et garantir la succession dynastique en donnant au monarque un fils qui héritera de la couronne.

À force de caractère ou grâce aux soubresauts de l'histoire, certaines femmes ont réussi à marquer la monarchie de leur empreinte. Ces épouses écoutées, ces reines mères craintes ou encore ces régentes à poigne ont réussi à féminiser la couronne. Et, au fil des siècles, on épingle des noms comme Frédégonde, Blanche de Castille, Catherine de Médicis ou Anne d'Autriche.

Il faut noter que ces reines ont souvent gardé une mauvaise image dans l'histoire. On leur a reproché, pêle-mêle, d'être trop autoritaires, de satisfaire leurs caprices personnels et surtout d'être des étrangères. Tiraillées entre leur fidélité envers leur famille et leur nouveau pays, leurs adversaires ont souvent vu en elles – et parfois à tort – des traîtresses, prêtes à brader les intérêts de la France pour combler leur ambition.

La vérité est que ces reines ont connu des destins très contrastés. Tour à tour au premier plan, associées au pouvoir ou reléguées dans l'ombre, leur importance n'était pas tant liée à leur époque qu'à leur talent, leur ambition et le degré d'effacement du monarque.

Les Mérovingiens francs

Quand elle s'appelle encore Gaule, la France vit sous un mode tribal. Contrairement à d'autres civilisations de l'époque, elle n'a pas engendré de système monarchique stable de nature à unifier les différents peuples qui la composent. Dans le brouillard de l'histoire, un seul nom s'est distingué en traversant les siècles et c'est celui de Vercingétorix, le chef arverne qui fut défait par César. La Gaule passe ensuite sous administration romaine qui lui offrira une longue période de stabilité et de progrès.

La fin de l'empire romain d'Occident correspond au déferlement des invasions des hordes « barbares » au premier rang desquelles se distinguèrent les Wisigoths et les Huns. C'est aussi à cette époque qu'émergent les premiers noms de rois, au confluent de l'histoire et de la légende.

Première dynastie de souverains francs, la dynastie mérovingienne règne sur la Gaule du début du IVe siècle à 751. Si Clovis fait œuvre unificatrice, la coutume du partage du royaume entre les héritiers empêchera la constitution d'un domaine royal stable. En revanche, l'influence de sa femme Clotilde sera déterminante sur l'avenir de la monarchie en liant celle-ci au christianisme.

La France est partagée entre la Neustrie, l'Austrasie, la Bourgogne et d'autres territoires. Par intermittence, certains rois comme Clotaire Ier et Dagobert Ier réussissent à affermir et à reconstituer le domaine royal, mais ces succès ne s'inscrivent pas dans la durée.

Le pouvoir des Mérovingiens s'affaiblit à mesure que les maires du palais prennent de l'importance jusqu'à supplanter la dynastie. Les derniers souverains sont restés dans l'histoire comme les « rois fainéants ». Certes, ils possèdent encore le titre royal, mais ils sont dépourvus de tout pouvoir effectif. Le souvenir des premières reines est effacé à l'exception de quelques souveraines comme Frédégonde ou Brunehaut qui ont laissé leur nom dans l'histoire. Dès les origines de la royauté, le rôle des mariages dans l'extension du domaine royal est déterminant.

En 751, la couronne passe aux Carolingiens après la déposition du dernier roi mérovingien Childéric III par Pépin le Bref.

Basine (?)

Épouse de : Childéric Ier

Certains historiens voient en Basine la première reine de France puisqu'elle est la mère de Clovis. Il semble qu'elle fut reine de Thuringe et qu'elle quitta son époux pour épouser Childéric.

Clotide de Burgondie (vers 475-545)

Épouse de : Clovis (en 493)

Issue d'une grande famille burgonde, Clotilde bénéficie d'une excellente éducation et témoigne dès son plus jeune âge d'une grande piété (sa mère était chrétienne). À la mort de son grand-père Gondovée, ses héritiers se déchirent pour accroître leur part d'héritage. La famille de Clotilde est décimée et la jeune fille reléguée dans un couvent. Elle s'y rapproche encore de la religion. Lorsque le roi des Francs Clovis la demande en mariage, il songe avant tout à unir son nom à celui de la puissante famille burgonde. De nombreuses différences, dont la religion, séparent les époux. Clovis est un guerrier païen alors que Clotilde incarne la civilisation gallo-romaine et la ferveur chrétienne. Même s'il est difficile de juger des rapports du couple, il semble que Clotilde ait eu un grand ascendant sur son époux. Elle réussit notamment à faire baptiser ses enfants. Homme d'armes, Clovis est aussi fin politique. Il comprend l'avantage qu'il peut tirer d'un rapprochement avec la puissante église.

Clotilde pavoise lorsque Clovis accepte de se faire baptiser à Reims en 496. Elle donne des héritiers à son époux et le convainc de venger ses parents en attaquant son oncle.

Devenue veuve en 511, Clotilde se consacre à la prière. Mais les règles de succession mérovingiennes attisent les convoitises. Alors qu'elle éduque ses petits-enfants issus de Clodimir, qui seront tués au combat, elle assiste à la lutte de ses enfants.

Ses deux fils Childebert et Clotaire complotent et font assassiner deux des fils de Clodimir. Malgré sa peine, Clotilde trouve la force d'imposer une trêve à ses deux fils qui se déchirent à nouveau.

La reine se retire à Tours pour y vivre une existence d'ascèse. Elle y meurt à environ soixante-dix ans après une existence bien remplie, faite de piété, d'ambition, de politique et de violence. Clotilde est canonisée quelques années plus tard.

Eustère de Wisigothie (vers 494-521)

Épouse de : Thierry Ier (en 511)

Petite-fille de Mérovée et fille d'Alaric II, roi des Wisigoths, Eustère épouse Thierry Ier. Fils d'une concubine de Clovis, le roi hérite des territoires de l'Est et se révèle un excellent guerrier. Le couple royal réside à Reims et Eustère donne un fils prénommé Thibert à son époux. La reine meurt à vingt-sept ans.

Suavegothe de Burgondie (vers 504-554)

Épouse de : Thierry Ier (en 522)

Fille du roi des Burgondes, Suavegothe a dix-huit ans lorsqu'elle épouse le roi Thierry Ier devenu veuf depuis quelques mois. Elle ne donne qu'une fille au souverain qui meurt en 534. Elle lui survit une vingtaine d'années sans que l'on sache avec exactitude ce qu'elle est devenue.

Gontheuque de Burgondie (vers 492-vers 532)

Épouse de : Clodimir (vers 517)
Puis de Clotaire (vers 525)

De haut lignage, Gontheuque épouse Clodimir, l'aîné des fils de Clovis et de Clotilde. Le couple réside à Orléans et Clodimir passe le plus clair de son temps à guerroyer et à se débarrasser de ses ennemis. Pendant ce temps, la reine donne la vie à trois fils. En 524, Clodimir est assassiné et Gontheuque devient veuve. Clotaire (le dernier fils de Clovis) décide de la prendre pour épouse afin d'exercer le pouvoir et la régence. Elle lui donne plusieurs enfants. La mort de Gontheuque est entourée de mystère, mais il semble qu'elle n'ait pas assisté à l'assassinat de deux de ses fils par leur beau-père.

Ingonde de Germanie (vers 510-après 546)

Épouse de : Clotaire Ier (vers 535)

Fille du roi des Germains de la région de Worms, Ingonde épouse Clotaire devenu veuf à la mort de Gontheuque. Clotaire saisit tous les moyens pour étendre son pouvoir. Il fait assassiner ses neveux et son propre fils qui est brûlé vif. Ingonde donne six enfants à son cruel époux qui n'hésite pas à lui imposer un nouvel affront en prenant pour épouse Arégonde de Germanie, la propre sœur d'Ingonde. La reine à l'honneur bafoué meurt vers 546, âgée de trente-cinq ans.

Arégonde de Germanie (vers 515-573)

Épouse de : Clotaire Ier (?)

D'après la chronique, la reine Ingonde a demandé à son époux Clotaire de chercher un époux digne de sa sœur Arégonde. Le roi prétend n'avoir trouvé aucun candidat à la hauteur et préfère épouser lui-même la sœur de sa propre femme. Cette bigamie provoque le courroux de l'Église mais Clotaire ne cède pas. Il redevient monogame à la mort de sa première épouse. Arnegonde lui donne un fils, Chilpéric.

Radegonde (vers 520-587)

Épouse de : Clotaire Ier (en 538)

Fille du roi de Thuringe, Radegonde devient la quatrième épouse de l'ambitieux Clotaire Ier. Radegonde est profondément religieuse et condamne le comportement de son époux. Elle finit par s'enfuir à Poitiers pour trouver refuge dans un monastère. La reine est cultivée. Elle trouve le réconfort dans la poésie et un certain raffinement de vie auquel elle ne pouvait prétendre à la cour du brutal Clotaire. À la mort de son époux, la volontaire Radegonde œuvre pour la paix entre les fils du roi. Elle est rapidement canonisée après sa mort.

Chunsène (?)

Épouse de : Clotaire Ier (?)

Celle qui est probablement la cinquième épouse de Clotaire ne laisse pas une grande trace dans l'histoire. Elle est la mère de Chramne qui deviendra duc d'Aquitaine et sera tué par son propre père.

Waltrade (?)

Épouse de : Théobald (?)
Puis de Clotaire Ier (?)

Fille du roi des Lombards, Waltrade épouse Théobald puis Clotaire, qui hérite de son royaume.

Ultrogothe (vers 497- ?)

Épouse de : Childebert (en 522)

Ultrogothe, princesse ostrogothe, épouse le roi Childebert qui règne sur la vallée de la Seine à la mort de son père Clovis. Résidant à Paris, le couple a deux filles, qui deviennent religieuses. La reine assiste à la lutte des enfants de Clovis. On ignore si elle assiste à la mort de son époux et à la victoire du puissant Clotaire.

Audovère (vers 533-580)

Épouse de : Chilpéric (en 548)

Contrairement aux autres reines mérovingiennes, Audovère est d'extraction modeste. Elle épouse Chilpéric, le fils de Clotaire, qui vit dans l'ombre de son père. Audovère donne des enfants à son époux et accomplit son devoir de reine. Après la mort de Clotaire, Chilpéric hérite de la Neustrie, soit un territoire qui s'étend de la mer du Nord à la Loire. Le destin d'Audovère bascule. Une de ses suivantes, nommée Frédégonde, intrigue pour lui ravir sa place. Rusée, elle tend un piège à Audovère qui se laisse naïvement prendre. Elle porte sa dernière-née sur les fonts baptismaux et, agissant de la sorte, elle commet une hérésie grave. Frédégonde rapporte bien évidemment les faits à Chilpéric. Le roi répudie son épouse, qui lui a pourtant déjà donné six enfants. L'infortunée Audovère cherche refuge dans un couvent du Mans. L'ex-reine croit que sa tranquillité est enfin assurée. C'est compter sans la rancune de Frédégonde qui continue à se méfier de sa rivale. Elle envoie donc des hommes l'assassiner, mettant un terme à son tragique destin.

Galswinthe de Wisigothie (vers 540-568)

Épouse de : Chilpéric (en 567)

Galswinthe peut se prévaloir d'une prestigieuse ascendance. Parmi ses ancêtres, elle compte des rois des Wisigoths, des Vandales et même un empereur romain d'Occident. Sa sœur Brunehaut a épousé le roi Sigebert (roi d'Austrasie), qui est le pire ennemi de Chilpéric (roi de Neustrie). Chilpéric l'épouse, probablement attiré par cette haute lignée. Hélas, Galswinthe n'est pas de taille à rivaliser avec l'intrigante Frédégonde, qui la fait probablement étrangler.

Frédégonde (543-597)

Épouse de : Chilpéric (en 568)

Il y a beaucoup de légendes dans l'histoire de Frédégonde telle qu'elle nous a été léguée par Grégoire de Tours. Ses ancêtres en font une candidate toute désignée à la couronne et son ambition semble sans limites. Suivante de la reine Audovère, elle est l'instrument de sa chute. Son acte n'en fait pas pour autant une reine puisque Chilpéric décide de convoler avec Galswinthe. C'est donc au tour de cette dernière de faire les frais de la très déterminée Frédégonde. Cette fois, plus rien ne s'oppose à la victoire de l'ancienne suivante, qui épouse le roi en 568.

L'assassinat de Galswinthe a suscité la colère de son beau-frère, le roi Sigebert. Ce dernier attaque Chilpéric et le vainc. À l'instigation de Frédégonde, Sigibert est assassiné et Chilpéric recouvre son trône. Peu après, on soupçonne Frédégonde d'adultère. La mort de Chilpéric en fait la régente du royaume qui règne au nom de Clotaire II. Le destin de la reine n'est pas fini pour autant. Elle combat le nouveau roi d'Austrasie Childebert II et, plus tard, ses fils. Elle meurt à cinquante-quatre ans et rejoint la sépulture de son mari qu'elle a tout fait pour conquérir.

Ingoberge (539-589)

Épouse de : Caribert (en 558)

Princesse de bonne naissance, Ingoberge épouse Caribert, un des fils de Clotaire. Son époux devient maître de Paris et se livre à une vie de débauche que réprouve Ingoberge. La reine, qui donne quatre enfants au roi, n'entend pas se laisser faire. Elle invite à la cour un artisan qui n'est autre que le père de deux maîtresses du roi. Ce dernier n'apprécie pas le geste et répudie son épouse avant de convoler en justes noces avec ses deux maîtresses. Le clergé oblige le roi à répudier ses deux femmes. Dès lors, il en choisit une nouvelle, Théodéchilde, dont certains vont jusqu'à affirmer qu'elle est prostituée. Caribert meurt prématurément mais Ingoberge, qui a trouvé refuge au couvent, lui survit de nombreuses années.

Brunehaut (vers 534-613)

Épouse de : Sigebert Ier (en 566)

Cette haute figure de la lignée mérovingienne descend d'importantes dynasties barbares. Elle se convertit au christianisme pour épouser Sigebert Ier, le roi d'Austrasie. Sa sœur Galswinthe a épousé le frère de Sigebert, Chilpéric Ier, et fait les frais des ambitions de Frédégonde. Dès lors, Brunehaut veut venger la mort de sa sœur et favorise la lutte fratricide qui conduit à la mort de Sigebert. Ce revers de fortune fait de Brunehaut la prisonnière de Chilpéric. Mérovée, un fils de Chilpéric, épouse – peut-être par défi envers son père – Brunehaut à

Rouen. Mérovée est tué et Brunehaut échappe une nouvelle fois à la mort. Elle gagne Metz où elle exerce la régence d'Austrasie au nom de son fils Childebert II.

Brunehaut mène une existence faite de manœuvres politiques et d'intrigues plus ou moins sanglantes afin de préserver les intérêts de sa famille et de son pays. Elle décide de s'éloigner du pouvoir et de laisser son fils Childebert régner seul. Celui-ci finit par être assassiné, et voilà que la vieille Brunehaut (âgée de près de soixante ans) doit à nouveau exercer la régence, ses deux petits-fils n'étant pas encore en âge de régner. Brunehaut gouverne avec intelligence et autorité. Elle ne peut empêcher une révolte des vassaux en Austrasie qui entraîne la mort d'un de ses petits-fils (Thibert II) tandis que le second (Thierry II) meurt de maladie. Quelques années plus tard, les enfants de ce dernier sont tués par Clotaire II qui fait subir le même sort à Brunehaut. À plus de soixante-dix ans, la reine est torturée et finalement attachée à un cheval qui la traîne à terre jusqu'à ce que mort s'en suive. Brunehaut a sans doute été la plus grande reine mérovingienne, mais elle a payé très cher le prix de ses ambitions.

Hadeltrude (vers 580-602)

Épouse de : Clotaire II (en 598)

Fille du duc d'Austrasie, Hadeltrude épouse Clotaire II, le roi de Neustrie. Elle se trouve au cœur de la guerre que se livrent Neustrie et Austrasie et meurt en 602 en ayant donné le jour à trois enfants qui disparaissent en bas âge.

Bérétrude (vers 582-vers 620)

Épouse de : Clotaire II (en 602)

La fille de Ricomère de Burgondie et de Gertrude de Hainaut épouse Clotaire II, devenu veuf en 602. Elle lui donne trois enfants (dont Dagobert Ier), puis est répudiée. Pour se protéger, elle retourne vivre sur les terres de son père, où elle meurt quelques années plus tard.

Sichilde (vers 590-?)

Épouse de : Clotaire II (en 605)

La troisième épouse de Clotaire II est la fille du comte d'Ardennes. On sait peu de chose de cette reine, qui a cependant poussé son époux à répudier sa précédente épouse. Elle ne doit donc pas être dépourvue de charme, mais son destin demeure mystérieux.

Gomatrude (vers 598-après 630)

Épouse de : Dagobert Ier (vers 628)

La sœur cadette de Sichilde (femme de Clotaire II) épouse Dagobert Ier en 628. Elle ne réussit pas à donner d'enfant à son mari qui connaît de très nombreuses aventures. Dagobert décide de la répudier (le mariage est cassé par des prélats réunis à Romilly) et la renvoie dans ses terres. On ignore ce qu'elle est devenue et la fin qu'elle a connue.

Nanthilde (vers 610-vers 642)

Épouse de : Dagobert Ier (vers 633)

D'extraction modeste, Nanthilde a la chance de donner rapidement un fils à son époux. Soucieux d'éviter les problèmes de succession, Dagobert le proclame roi dès sa naissance.

La reine lutte contre les maîtresses de son mari et réussit à conserver sa place à la cour. À la mort de Dagobert, elle devient régente mais doit affronter l'ambition des maires du palais. Elle meurt en 642, sans avoir réussi à affermir le pouvoir de son fils Clovis.

Bathilde (vers 626-vers 680)

Épouse de : Clovis II (en 649)

Fille d'un prince d'Ascainie, Bathilde est réduite à l'esclavage. Elle est acquise par un maire du palais et finit par épouser le roi Clovis II. Elle lui donne plusieurs enfants et devient régente à la mort du roi. L'ancienne esclave fait preuve d'adresse et tente d'éviter un nouveau partage du royaume. Elle est cependant contrainte de composer avec la puissance des maires du palais qui la poussent à faire couronner ses fils. Elle mène une action déterminante dans le développement des abbayes et fut canonisée peu après sa mort, qui survient en 680.

Bichilde (vers 654-673)

Épouse de : Childéric II (vers 667)

Fille de Sigebert III, roi d'Austrasie, Bichilde épouse son cousin germain Childéric II. Malgré son jeune âge, elle est confrontée à la violence des intrigues de palais. Elle ne possède ni l'intelligence politique ni l'expérience d'autres reines mérovingiennes. Un de ses fils est assassiné, ce sera son tour en 673, deux ans avant son époux, le faible Childéric II.

Clotilde (vers 650-699)

Épouse de : Thierry III (vers 675)

Clotilde descend d'une famille de maires du palais (Anségisel, maire du palais d'Austrasie). Son mariage avec le fils de Clovis II et de Bathilde illustre le formidable pouvoir acquis par ces fonctionnaires ambitieux. Cette union qui doit sceller une réconciliation ne donne pas les résultats escomptés. Son époux Thierry III ne dispose d'aucun pouvoir et Clotilde n'a pas davantage voix au chapitre. Elle donne le jour à des enfants qui connaîtront des règnes aussi courts que peu marquants. Elle meurt en 699, sans laisser une grande trace dans l'histoire.

Doda (? -après 691)

Épouse de : Thierry III (?)

On ignore pour ainsi dire tout de la seconde épouse de Thierry III.

Gisèle (vers 715-vers 755)

Épouse de : Childéric III (en 737)

La fille du comte de Laon, Caribert II, épouse Childéric III, qui sera le dernier roi mérovingien. Le pouvoir est exercé par les maires du palais, qui prennent malgré tout la peine d'aller chercher un héritier de la dynastie légitime dans un monastère pour le placer sur le trône. Gisèle lui donne un fils qui meurt rapidement. Bientôt, le roi est chassé et la discrète Gisèle se retire dans un monastère où elle disparaît vers 755.

LES CAROLINGIENS

Les numéros indiquent l'ordre des mariages

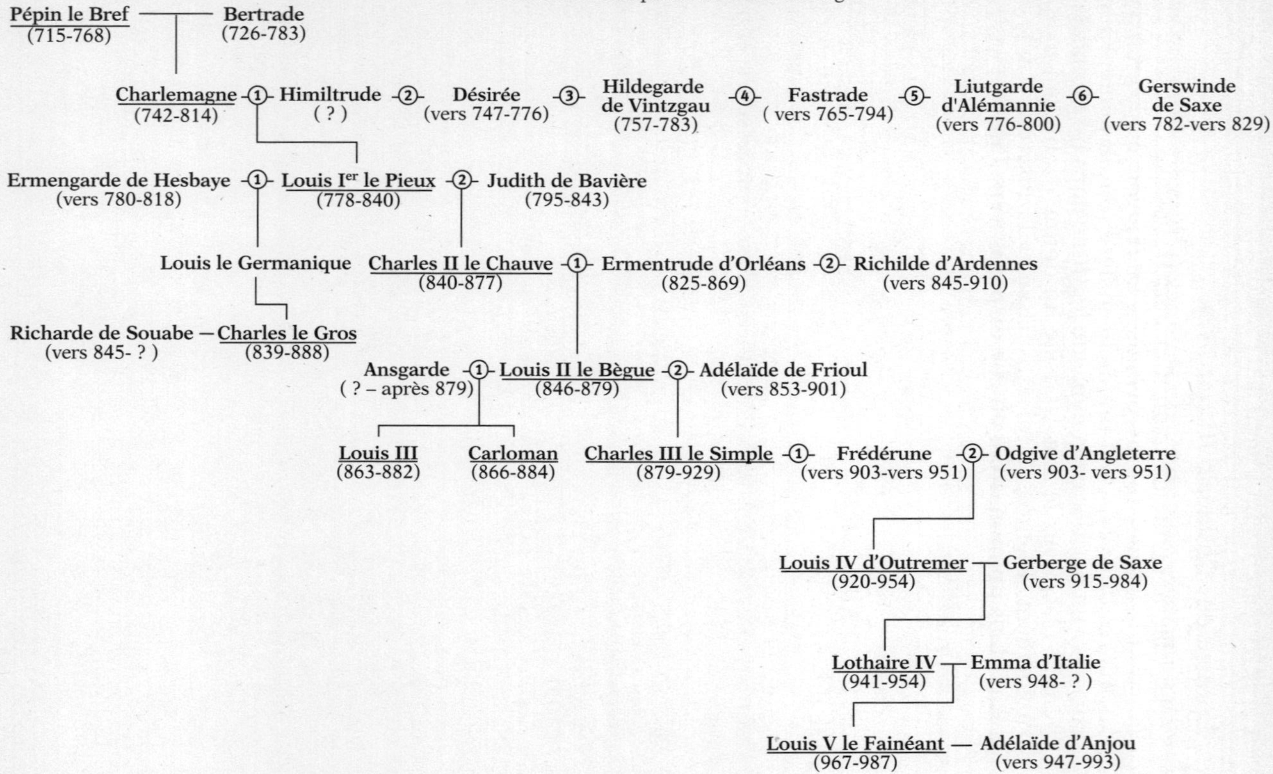

Les Carolingiens

Descendants des Pippinides (issus de Pépin de Landen), les Carolingiens accèdent à la couronne en évinçant les Mérovingiens dont ils avaient longtemps été les maires du palais. La nouvelle dynastie se rapproche du pape dont elle constitue le plus fidèle soutien.

La « deuxième race » se lance dans une politique d'expansion territoriale sans précédent et s'impose comme la digne héritière des empereurs de jadis. À ce titre, le sacre de Charlemagne à Rome en l'an 800 marquera une forme d'apogée de la fonction royale en France. En revanche, la vie conjugale de l'empereur sera des plus mouvementées et annonce les soucis conjugaux qui affecteront certains de ses successeurs capétiens.

Les Carolingiens se distinguent aussi par leurs talents d'organisateurs en exerçant notamment leur pouvoir par l'entremise des célèbres *missi dominici*.

L'époque est également propice au développement de l'instruction et à la renaissance des arts, principalement d'essence religieuse.

Une fois de plus, la faiblesse de la dynastie proviendra du système de succession. Le partage de l'héritage finira par conduire à la dislocation de l'empire. À ce titre, le rôle des femmes se révèle quelquefois crucial pour arbitrer les litiges entre les frères prétendant au même héritage. Plusieurs souverains issus de la famille des Robertiens se succéderont à la fin de l'ère carolingienne. La même famille sera à l'origine de la dynastie des Capétiens.

Les derniers Carolingiens se révéleront également incapables de lutter efficacement contre les envahisseurs étrangers.

Bertrade
(ou Berthe au Grand Pied)
(726-783)

Épouse de : Pépin le Bref (en 749)

Fille du puissant Caribert II comte de Laon et de Gisèle d'Aquitaine, Bertrade est surnommée « au grand pied » pour avoir un pied plus long que l'autre. La jeune femme n'en est pas moins très belle et devient la maîtresse de Pépin. Déjà marié, ce dernier ne peut épouser la femme qu'il aime, mais cela n'empêche pas Bertrade de lui donner des enfants. Pépin devient seul maire du palais et cherche à se défaire de sa légitime épouse, Leutburgie. Il réussit à la convaincre de quitter la cour afin de lui laisser la voie libre. Dès lors, Pépin décide de forcer le destin. En 749, il épouse Bertrade et, deux ans plus tard, il renverse le dernier Mérovingien Childéric III et se fait élire roi des Francs. Le nouveau couple est sacré avec les huiles saintes dans une cérémonie fastueuse destinée à renforcer le prestige de la monarchie et qui associe les enfants royaux. Pépin mène des expéditions militaires, défend la papauté et réitère la cérémonie du sacre, cette fois des mains mêmes du souverain pontife.

Cependant, des différends conjugaux éclatent entre les époux, sans qu'on en connaisse avec précision la cause. Le pape semble avoir empêché la répudiation de Bertrade. La reine donne de nouveaux enfants à son époux qu'elle accompagne lors de ses déplacements.

À la mort de Pépin en 768, ses fils Charles et Carloman deviennent rois. Bertrade n'est pas le genre de femme à quitter pour autant le pouvoir. Elle veille sur ses fils et entame des missions diplomatiques. Néanmoins, Charles cherche à se défaire de l'influence de sa mère (qui lui a fait épouser Désirée, la fille du roi des Lombards) et s'empare de l'héritage de son frère au détriment de ses fils. Cette fois, Bertrade n'a plus d'autre solution que de s'effacer, et elle passe ses dernières années à Thionville, dans le réconfort de la religion. Elle meurt en 783 (à l'âge de cinquante-sept ans) et gagne sa place dans l'histoire en tant que mère du grand empereur Charlemagne.

Himiltrude (?)

Épouse de : Charlemagne (en 767)

La vie conjugale du roi Charles, devenu l'empereur Charlemagne, est loin d'être paisible. On ne sait pas grand-chose de sa première épouse (peut-être d'origine bourguignonne) sinon qu'elle a été donnée en mariage à Charles qui a alors vingt-cinq ans. Mère de deux enfants, elle est répudiée à la suite d'un renversement d'alliances. Elle termine ses jours dans un couvent et l'histoire perd sa trace.

Désirée (vers 747-776)

Épouse de : Charlemagne (en 770)

Fille du roi des Lombards, Désirée est le jouet des ambitions politiques de Bertrade. Celle-ci œuvre au rapprochement franco-lombard et la jeune Désirée incarne ce grand dessein. Hélas, l'union n'apporte pas la paix des royaumes chrétiens contrairement aux attentes de la reine mère. Pour ne rien arranger, Charles ne paraît guère épris de cette jeune femme qu'il répudie après une année de mariage et renvoie à Pavie. Charles s'est affranchi de la tutelle encombrante de sa mère et Désirée meurt cinq ans plus tard.

Hildegarde de Vintzgau (vers 757-783)

Épouse de : Charlemagne (en 772)

Hildegarde compte parmi ses ancêtres un roi mérovingien et surtout des comtes germaniques (Souabe). Charles succombe au charme de cette très jeune fille de treize ans pour laquelle il n'hésite pas à répudier sa deuxième épouse après seulement quelques mois de mariage. Hildegarde acquiert une réelle importance à la cour et n'hésite pas à intercéder pour les membres de sa famille. La reine donne le jour à de nombreux enfants dont le futur empereur Louis Ier. Probablement est-elle épuisée par ses maternités rapprochées, puisqu'elle meurt prématurément à vingt-six ans. Charles semble avoir été sincèrement attristé par cette disparition.

Fastrade (vers 765-794)

Épouse de : Charlemagne (en 783)

Originaire de Franconie, la quatrième épouse de Charles a dix-huit ans lorsqu'elle épouse le roi. Selon les témoins de l'époque, Fastrade possède un caractère affirmé ainsi qu'une haute idée de son rang, mais elle souffre d'une santé difficile. On a beaucoup spéculé sur l'influence politique qu'elle aurait pu avoir sur son époux sans pouvoir la prouver… Elle semble également avoir souffert des infidélités de son époux. Deux filles viennent compléter le tableau de famille et Fastrade s'éteint à Francfort en 794, pendant le concile.

Liutgarde d'Alémannie (vers 776-800)

Épouse de : Charlemagne (en 794)

La princesse germanique Liutgarde (fille de Liutfried II d'Alsace) a également dix-huit ans lorsqu'elle épouse Charles. Contrairement à Fastrade, les chroniqueurs la décrivent comme belle, raffinée et de nature généreuse. Sa présence auprès de Charles, qui poursuit sa politique d'expansion de christianisation, est des plus discrètes. En revanche, Liutgarde est contemporaine de l'établissement de la cour à Aix-la-Chapelle et de son épanouissement culturel. Elle ne donne pas d'enfant au roi et s'éteint en 800 alors que son époux sera bientôt couronné empereur.

Gerswinde de Saxe (vers 782-vers 829)

Épouse de : Charlemagne (en 808)

Fille de Wittiking, roi des Saxons, Gerswinde a fait l'objet de marchandages liés à la guerre qui opposait son peuple à la France. C'est après la mort de Wittiking que Charlemagne, devenu empereur, décide de la prendre pour épouse. Le souverain a soixante-six ans et son épouse vingt-six. Le couple est mal assorti, mais Charles a toujours aimé les femmes et l'idée d'en trouver une jeune n'est pas pour lui déplaire. Devenue impératrice d'Occident (ce sera la seule parmi les épouses de Charlemagne), Gerswinde donne une fille à son époux. Elle est la dernière épouse de Charlemagne qui meurt en 814. Elle ne joue aucun rôle politique après la mort de son époux, le nouveau souverain n'étant pas son fils. Elle meurt quelques années plus tard, sans que l'histoire n'ait retenu les détails de la fin de sa vie.

Ermengarde de Hesbaye (vers 780-818)

Épouse de: Louis Ier le Pieux (en 794)

Petite-fille de Charles Martel, Ermengarde épouse à l'âge de quatorze ans le fils aîné d'Hildegarde et de Charles, roi des Francs. Le couple paraît uni et Ermengarde accouche de six enfants. Conformément à la tradition, Charles prévoit de diviser son empire entre ses fils mais bientôt Louis se retrouve seul successeur. Devenu empereur, Louis Ier ne règne pas à la manière de son père et préfère veiller à la bonne administration de son territoire. L'impératrice Ermengarde l'assiste dans sa tâche et l'accompagne lors de ses voyages. Elle disparaît à l'occasion d'un de ses déplacements en 818.

Judith de Bavière (795-843)

Épouse de: Louis Ier le Pieux (en 819)

Descendante de Pépin le Bref (mais aussi des Saxons), Judith fait figure d'otage lorsqu'elle arrive à la cour d'Aix-la-Chapelle. L'anecdote raconte que Louis Ier, devenu veuf, avait demandé à voir les plus belles femmes de sa cour. Face à l'échantillon présenté, il choisit la séduisante Judith. Celle-ci va rapidement révéler l'étendue de son ambition. Elle donne deux enfants à l'empereur dont un fils, Charles, qui vient compliquer le fragile partage de l'héritage paternel. Judith a la réputation de savoir ce qu'elle veut et elle cherche à favoriser son fils au détriment de ses trois demi-frères.

Faible de caractère, Louis est plusieurs fois détrôné et Judith prend le chemin de l'exil en Italie. En 835, elle revient vivre à la cour. La mort de Louis en 840 pousse Judith à prendre fait et cause pour son fils dans le partage de l'héritage. Finalement, Charles hérite de la partie occidentale de l'empire lors du fameux partage de Verdun. Apaisée, Judith s'éteint en 843 à Tours.

Ermentrude d'Orléans (825-869)

Épouse de : Charles II le Chauve (en 847)

La fille d'Eudes Ier, comte d'Orléans, épouse à vingt-deux ans Charles II (dit le Chauve), qui a hérité de la France occidentale. La situation du pays est loin d'être simple. Charles II fait face aux invasions des Vikings, aux revendications territoriales de son neveu Pépin II et aux soulèvements de certains de ses peuples.

Ermentrude donne plusieurs enfants à son époux : Louis, Judith, Charles, Lothaire, Carloman... Cette abondante progéniture se révèle très peu respectueuse vis-à-vis de l'autorité paternelle. Les combats se multiplient au sein même de la famille et les difficultés conjugales de Lothaire II avec son épouse Thurtberge poussent Charles II et Ermentrude à se déchirer. Le roi soutient Lothaire qui veut répudier sa femme alors qu'Ermentrude soutient Thurtberge, également défendue par le pape Nicolas Ier. L'incompréhension entre les époux est totale et ils finissent par se séparer. La reine se retire dans une abbaye non loin de Valenciennes où elle meurt deux ans plus tard.

Richilde d'Ardennes (vers 845-910)

Épouse de : Charles II le Chauve (en 870)

Fille du comte d'Ardennes et de Richeut d'Arles, Richilde épouse Charles II en 870, quelques mois après la mort d'Ermentrude. Elle accouche de cinq enfants qui meurent en bas âge. Richilde devient impératrice en 875 lorsque son époux se fait sacrer par le pape Jean VIII. Elle s'intéresse à la politique et surtout à la succession au trône en s'opposant à la candidature de Louis, un jeune homme bègue qu'elle juge incapable.

À la mort de Charles II, parti combattre les Sarrasins qui menaçaient les États pontificaux, elle commence par s'opposer à la succession de Louis puis se ravise en sentant que sa situation devient délicate. Dès lors, elle l'appuie de tout son poids en lui donnant notamment les effets de Charlemagne. Mais le règne de Louis II est de courte durée et Richilde se retrouve à nouveau au cœur des intrigues. Son frère, le duc Boson, réussit à se faire élire roi de Provence. Richilde se retire dans cette terre du sud. Elle meurt en 910 à plus de soixante ans et alors que l'empire de Charlemagne est morcelé.

Ansgarde (? -après 879)

Épouse de : Louis II le Bègue (?)

Fille d'un seigneur (le comte Hardouin), elle devient la favorite du prince Louis. Malgré l'avis de son père, le futur Louis II épouse celle qui était de vingt ans son aînée et qui lui donne deux garçons (le futur Louis III et Carloman). Ansgarde est reine jusqu'à ce qu'elle soit répudiée par Louis II, probablement tombé sous le charme d'Adélaïde.

Adélaïde de Frioul (vers 853-901)

Épouse de : Louis II le Bègue (en 868)

La fille du marquis de Frioul est choisie par Charles II pour épouser son fils Louis. Ce dernier ayant déjà pris une épouse qui lui a donné deux fils, il faut commencer par annuler cette union. Le pape permet cette formalité et Adélaïde peut dès lors épouser le prince. Au prix de nombreuses difficultés, Louis II accède au trône et réussit à se faire couronner par le pape qui refuse d'agir de même pour Adélaïde. Pour beaucoup, son mariage reste entaché d'irrégularité. À la mort du roi, Adélaïde est enceinte. Elle accouche d'un fils qui vient perturber la succession. Ses adversaires tentent de faire croire que l'enfant est illégitime et Adélaïde se bat pour faire reconnaître ses droits. Ce sera le combat de sa vie et elle aura la joie de voir ses efforts couronnés de succès lors du sacre de Charles III à Reims en 898. Soulagée, la reine s'éteint en 901.

Richarde de Souabe (vers 845-?)

Épouse de : Charles le Gros (en 862)

L'homme qu'épouse Richarde est loin d'être le premier sur la liste de succession. À l'époque, il n'est que le dernier fils de Louis le Germanique. Cependant, à force de coups de pouce du destin, il récupère honneurs et couronnes en devenant notamment empereur des Romains et roi de France. Charles doit faire face aux accusations de bâtardise qui pèsent sur lui. Le couple prend ses quartiers à Paris et Richarde souffre de ne pas donner d'héritier au trône. Ce n'est pourtant que le début des difficultés qui culminent avec les incursions vikings en 885. Le roi Charles n'est pas l'homme de la situation et préfère monnayer le départ des ennemis. Les attaques reprennent de plus belle et Charles finit par être déposé à la diète de Tribur en 887. Le roi meurt en 888 et son épouse, qui ne lui a pas donné d'héritier, se retire dans un couvent. On ne connaît pas la date de sa mort.

Théodrade (vers 868-après 903)

Épouse de : Eudes (en 884)

À seize ans, Théodrate épouse Eudes, le fils du brave duc des Francs, plus connu sous le nom de Robert le Fort. Eudes n'est pas roi, mais il entre dans l'histoire lorsque les hommes venus du nord attaquent la capitale. Face à l'impuissance du roi Charles, Eudes fait preuve de courage et d'initiative. Tour à tour, il traite avec les Vikings ou les combat. Eudes reconnaît comme roi l'empereur Arnulf, neveu du roi Charles mort sans enfant. D'autres voient en Charles le Simple, fils de Louis le Bègue, le véritable souverain. C'est finalement Eudes qui coiffe la couronne. Théodrate se retrouve *de facto* reine de France alors que rien ne le laissait supposer. Peu de temps après, Eudes repart au combat contre les Vikings et perd la vie en 898. Il avait reconnu les droits de Charles le Simple à sa succession. Théodrate, reine éphémère et consciente que ses enfants ne régneront pas, se retire et meurt après 903.

Frédérune (887-917)

Épouse de : Charles III le Simple (en 907)

Fille de Thierry II de Rhingelheim et de Rhinghildim de Frise, Frédérune épouse Charles III en 907. Le roi est alors veuf depuis neuf ans. À l'époque, la couronne est revenue aux Carolingiens après un bref intermède robertien. Le roi négocie avec les Vikings pour leur céder une partie du territoire. La négociation aboutira au traité de Saint-Clair-sur-Epte qui sera conclu avec Rollon. Frédérune donne six filles au roi et ne garantit donc pas la succession du trône. Elle expire en 917.

Odgive d'Angleterre (vers 903-après 951)

Épouse de : Charles III le Simple (en 919)

La fille d'Édouard Ier, roi d'Angleterre, épouse Charles III, un homme de vingt-quatre ans son aîné qui n'a toujours pas d'héritier. Le choix du dynaste semble bon puisque Odgive lui donne rapidement un fils prénommé Louis. Toutefois, le pouvoir de Charles III est contesté par ses barons qui parviennent à le chasser du trône pour y établir Robert, le comte de Paris. Odgive rejoint son époux qui réussit à battre l'usurpateur. Déterminés, les vassaux portent cette fois au pouvoir Raoul de Bourgogne. Charles III tombe dans un piège et se retrouve captif à Péronne où il finit ses jours. Demeurée libre, Odgive quitte la France et cherche refuge auprès de son père roi d'Angleterre.

À la mort du roi Raoul, Louis IV (surnommé d'Outremer) monte enfin sur le trône. En sa qualité de mère du roi, Odgive rentre en France et assiste aux efforts désespérés de Louis pour maintenir l'intégrité de son royaume. Hélas, les ennemis ne manquent pas et Louis n'a pas la force de lutter avec efficacité contre tous ces assauts. De son côté, Odgive étonne son entourage en quittant la cour pour épouser le fils d'Herbert de Vermandois, l'homme qui avait capturé et détenu son mari jusqu'à la mort. On perd la trace d'Odgive après cette union.

Béatrice de Vermandois (vers 870-vers 930)

Épouse de : Robert de Blois (en 893)

Fille du puissant Herbert de Vermandois, Béatrice épouse Robert comte de Blois devenu comte de Paris. Béatrice donne plusieurs enfants à son époux. Après avoir prononcé la déchéance du souverain carolingien, les rois proclament Robert Ier nouveau roi. Le règne est des plus brefs puisque le monarque est défait par Charles III et meurt au combat. Béatrice ne disparaît pas pour autant de la scène de l'histoire. Le nouveau roi élu – Raoul – n'est autre que l'époux de sa fille Emma. À une certaine époque, la puissante famille des Vermandois semble même sur le point de prendre la place des Carolingiens et de faire souche, mais le retour de Louis IV met fin à ce rêve de puissance. À l'issue d'une vie bien remplie, Béatrice disparaît, âgée d'une soixantaine d'années.

Emma de France (vers 894-934)

Épouse de : Raoul (en 921)

Issue de la famille des Vermandois par sa mère et des Robertiens par son père (l'éphémère roi Robert), Emma épouse Raoul de Bourgogne à l'âge de vingt-sept ans. Emma est une femme de caractère et il semble qu'elle ne soit pas étrangère à l'élection de son époux Raoul à la charge royale. Les barons n'ont pas envie de revenir au système héréditaire qui risque de leur faire perdre une partie de leur pouvoir. Emma participe au pouvoir aux côtés de son époux mais elle ne réussit pas à lui donner d'enfant. Elle meurt en 934 et Raoul ne lui survit que deux ans.

Gerberge de Germanie (vers 915-984)

Épouse de : Louis IV d'Outremer (en 939)

Fille du roi Henri Ier de Germanie, Gerberge épouse le duc de Lorraine. Mais l'homme est inconstant. Il change souvent d'humeur et d'allié. Il finit par périr noyé en tentant de traverser un fleuve pour s'enfuir. Dès lors, Gerberge est libre. Elle convole avec le roi de France Louis IV qui la fait rapidement couronner.

Déjà fertile lors de son premier mariage, Gerberge donne de nombreux enfants à son nouvel époux. La reine ne se contente pas de faire des enfants, elle joue aussi un rôle politique de premier plan et assure notamment la défense de la ville de Laon. Quand son époux est retenu prisonnier, elle réussit à le faire libérer. Mais quand Louis IV meurt d'une chute de cheval, tout semble perdu. Gerberge se bat dès lors pour assurer à Lothaire la succession de son père. De subtiles tractations ont lieu avec Hugues le Grand qui exige des compensations territoriales en échange de son retrait.

Lothaire devient roi au prix d'importantes concessions et Gerberge prépare son mariage. Elle doit faire face à une situation paradoxale en voyant les armées de son frère envahir le royaume de son fils. Par la suite, Lothaire IV impose le couronnement de son fils Louis pour éviter que la succession héréditaire ne soit remise en question. Gerberge meurt à près de soixante-dix ans après une vie riche en événements et en combats.

Emma d'Italie (vers 948-?)

Épouse de : Lothaire IV (en 965)

Fille du roi d'Italie Lothaire II et d'Adélaïde de Bourgogne, la jeune Emma est destinée à Henri de Bavière. Il est ensuite décidé de l'unir au jeune roi de France. Elle donne deux fils au souverain mais doit bientôt faire face à des accusations d'adultère. L'affaire fait grand bruit mais la reine finit par être innocentée. Elle réussit à obtenir que son fils Louis soit associé au trône et fait montre de courage militaire lors du siège de Verdun. Mais Lothaire meurt et de nouvelles accusations se font jour. La reine aurait empoisonné son mari... Louis V prête foi à ces bruits et chasse sa mère de la cour.

Emma se réfugie sur les terres d'Hugues Capet et apprend la mort du roi Louis V des suites d'une chute de cheval. L'héritier carolingien n'est autre que son ennemi de toujours, Charles, contre lequel elle lutte de toutes ses forces. Elle appuie la candidature d'Hugues Capet et vit avec son amant Ascelin. Elle finit ses jours seule en Bourgogne.

Adélaïde d'Anjou (vers 947-993)

Épouse de: Louis V (en 981)

Fille de Foulques II, comte d'Anjou, Adélaïde a vingt ans de plus que son époux, le futur Louis V. On sait peu de chose d'elle, mais elle a déjà été mariée (au comte Étienne de Gévaudan) et est mère de famille. L'apport de l'Anjou constitue une excellente raison à ce mariage. Néanmoins le couple ne s'entend pas et le mariage tourne au fiasco. La reine ne lui donne pas d'héritier et, après deux ans, elle préfère s'enfuir en Provence où elle trouve refuge. Elle y épouse le comte d'Arles en provoquant un grand scandale, puisqu'elle se retrouve de fait mariée deux fois.

Néanmoins, le règne de Louis est de courte durée et lorsqu'elle se retrouve veuve, Adélaïde redevient monogame. Elle vit jusqu'en 993 alors qu'une nouvelle dynastie est montée sur le trône de France.

LES CAPÉTIENS

Les numéros indiquent l'ordre des mariages

<u>Hugues Capet</u> (941-996) —— Adélaïde d'Aquitaine (vers 945-1004)

<u>Robert II le Pieux</u> (972-1031) -①- Suzanne-Rosala de Provence (vers 937-1003) -②- Berthe de Bourgogne (vers 964-1024) -③- Constance d'Arles (vers 984-1032)

<u>Henri Ier</u> (1027-1044) -①- Mathilde (1008-1060) -②- Anne de Kiev ou de Russie (vers 1024-vers 1080)

<u>Philippe Ier</u> (1052-1108) -①- Berthe de Hollande (vers 1055-1094) -②- Bertrade de Montfort (vers 1060-1117)

<u>Louis VI le Gros</u> (1081-1137) -①- Lucienne de Rochefort (?) -②- Adélaïde de Savoie (vers 1100-1154)

<u>Louis VII le Jeune</u> (1120-1180) -①- Aliénor d'Aquitaine (1122-1204) -②- Constance de Castille (vers 1136-1160) -③- Adèle de Champagne (vers 1140-1206)

<u>Philippe II Auguste</u> (1165-1223) -①- Isabelle de Hainaut (1170-1190) -②- Ingeburge de Danemark (1175-1236) -③- Agnès de Méranie (1172-1201)

<u>Louis VIII le Lion</u> (1187-1226) —— Blanche de Castille (1188-1252)

<u>Louis IX</u> (1214-1270) —— Marguerite de Provence (1221-1295)

<u>Philippe III le Hardi</u> (1245-1285) -①- Isabelle d'Aragon (1243-1271) -②- Marie de Brabant (1260-1321)

<u>Philippe IV Le Bel</u> (1268-1314) —— Jeanne de Navarre (1273-1305)

<u>Louis X le Hutin</u> (1289-1316) -①- Marguerite de Bourgogne (vers 1292-1315) -②- Clémence de Hongrie (vers 1293-1328)

<u>Jean Ier le Posthume</u> (1316-1316)

<u>Philippe V le Long</u> (1294-1322) —— Jeanne de Bourgogne (vers 1291-1330)

<u>Charles IV le Bel</u> (1294-1328) -①- Blanche de Bourgogne (vers 1294-1326) -②- Marie de Luxembourg (vers 1305-1324) -③- Jeanne d'Évreux (vers 1307- en 1371)

Les Capétiens directs

La troisième race qui coiffe la couronne des lys puise ses origines dans les ancêtres de Robert le Fort (825-866), issus des comtes de Wormsgau et Oberrheingau. La nouvelle dynastie règne de manière directe jusqu'à la mort de Charles IV le Bel en 1328, puis de manière indirecte à travers d'autres branches jusqu'en 1848.

Les Capétiens vont œuvrer à l'unification territoriale et à l'accroissement du domaine royal. L'administration constitue l'un des outils les plus efficaces de cette vaste entreprise. Autre moyen d'accroître le territoire et le pouvoir, la politique matrimoniale devient une préoccupation essentielle de la monarchie.

Le premier succès capétien réside dans le règlement de l'épineuse question des successions. Il leur a fallu contourner la règle de l'élection du souverain avant d'asseoir la légitimité dynastique de la famille. En même temps, la mise en place des lois de primogéniture et de masculinité a permis au trône de perdurer sans connaître les morcellements territoriaux des époques mérovingiennes et carolingiennes. En revanche, les aléas conjugaux de certains souverains amèneront souvent la monarchie à s'opposer à la papauté.

Les grands adversaires de la couronne sont les seigneurs féodaux contre lesquels les rois conduisent une lutte sans relâche, tentant tour à tour de s'attacher leur fidélité ou de réduire leur puissance.

Ce mouvement de contrôle des Grands du royaume trouvera son aboutissement bien plus tard, sous le règne de Louis XIV, avec la mise en place du système des courtisans à la cour de Versailles.

À la mort sans héritier de Charles IV, la couronne passe à la branche des Valois. Les Capétiens directs entérinent donc le principe de la loi salique et de la totale exclusion des femmes du trône.

Adélaïde d'Aquitaine (vers 945-1004)

Épouse de : Hugues Capet (en 970)

Le père d'Adélaïde (Guillaume Tête d'Étoupe, duc d'Aquitaine) est en guerre contre Hugues Capet, et Adélaïde épouse le duc de France pour ramener la paix entre les belligérants. On connaît peu de chose de la vie d'Adélaïde sinon que les chroniqueurs ont souvent insisté sur sa grande piété. Son destin est étroitement lié à celui de son époux Hugues Capet, élu roi à Senlis après la mort de Louis V des suites d'une chute de cheval. Hugues devient roi de France et consolide rapidement la dynastie en associant au trône son fils Robert. Après la mort de son époux, Adélaïde souffre du comportement de son fils qui s'est épris d'une cousine veuve, Berthe de Bourgogne. La réaction du pape, qui brandit le spectre de l'excommunication, fait trembler la reine très pieuse. Avant de mourir, Adélaïde a la satisfaction de voir son fils renoncer – au moins pour un temps – à cette romance sulfureuse.

Suzanne-Rosala de Provence (vers 937-1003)

Épouse de : Robert II (en 988)

Parmi toutes les reines de France, Rosala connut l'une des plus tristes destinées. Fille de Béranger II, roi de Provence et d'Italie chassé de son trône, elle vit sa jeunesse en exil dans un donjon du roi de Germanie, Othon. Elle conclut un mariage d'alliance vers 966 avec Arnoul II comte de Flandre et devient veuve quelque vingt ans plus tard. À cause de son âge (une cinquantaine d'années), elle songe à se retirer, mais c'est compter sans les ambitions d'Hugues Capet. Le nouveau roi de France s'intéresse à la dot de la dame et décide de la marier à son fils Robert. Pour l'occasion, Rosala devient Suzanne. Évidemment, la reine est incapable de donner un héritier au trône et Robert n'hésite pas à la répudier tout en conservant sa dot territoriale. Suzanne se retire en Flandre, auprès de son fils Baudouin IV, où elle mène une vie discrète jusqu'à sa mort en 1003, à l'âge de soixante-cinq ans. Reine de France malheureuse, elle n'est pas inhumée à Saint-Denis mais en Flandre, auprès de son premier époux.

Berthe de Bourgogne (vers 964-vers 1024)

Épouse de : Robert II (en 996)

Avec pour père Conrad, roi de Bourgogne, et pour mère Mathilde, fille du roi Louis IV d'Outremer, Berthe possède des origines prestigieuses. La tradition affirme que c'est la grande beauté de Berthe qui est à l'origine du coup de foudre de Robert le Pieux... Hélas, quand elle rencontre le roi, Berthe est mariée à Eudes, comte de Blois, et déjà mère de plusieurs enfants.

S'agit-il d'un signe du destin ? Toujours est-il que le mari de Berthe et le père de Robert meurent à quelques mois de distance.

Plus rien n'empêche dès lors Robert de convoler en justes noces avec Berthe. L'hymen est le début des problèmes pour le couple qui se heurte à l'opposition du pape. Le souverain pontife juge l'union incestueuse, Robert étant le cousin de Berthe. À ces considérations morales s'ajoutent des motifs politiques, car le pape voit d'un mauvais œil l'expansion capétienne. Un concile est réuni à Pavie pour contraindre le roi à se rendre en pèlerinage à Rome. La situation empire et le pape va jusqu'à frapper tout le royaume d'interdit. Cette fois, la situation est devenue intenable pour Robert qui, la mort dans l'âme, chasse Berthe de Bourgogne. L'ambiance délicate de l'an mille n'arrange guère les affaires du couple. Toutefois, Berthe ne quitte pas l'entourage royal. Elle tente de récupérer son pouvoir sans y parvenir. Elle reste cependant à la cour et accompagne son cher Robert dans ses pérégrinations jusqu'à la fin de sa vie au parfum de scandale.

Constance d'Arles (vers 984-1032)

Épouse de : Robert II (vers 1003)

Fille de Guillaume II, comte d'Arles, et d'Adélaïde d'Anjou, Constance possède trois atouts de choix pour intéresser Robert II : elle est d'ascendance royale, elle est jeune et elle est jolie. L'arrivée d'une reine du sud à la cour transforme les habitudes. On y apprend des mœurs plus raffinées, mais l'entente entre le monarque et sa nouvelle épouse n'est pas des plus harmonieuses. Certains témoins décrivent Constance comme une femme ambitieuse et colérique. La présence de Berthe n'est probablement pas étrangère aux désaccords qui ravagent le couple. Le voyage de Robert à Rome pour obtenir la dissolution de son union inquiète la reine qui se voit déjà contrainte d'abandonner le trône. Le roi accuse son épouse d'avoir participé au meurtre de son favori. Elle donne néanmoins cinq enfants au souverain. Le premier fils, Hugues, est couronné (selon la coutume capétienne) mais meurt du vivant de son père. Le deuxième devient roi sous le nom d'Henri Ier et le troisième devient duc de Bourgogne. Constance a laissé dans l'histoire le souvenir d'une reine autoritaire et implacable. Faut-il y voir la blessure d'une femme bafouée ou un trait de caractère ? Une chose est sûre, elle a attisé la rivalité de ses fils contre leur père et favorisé son troisième héritier qui était son préféré. Elle semble aussi avoir participé à la persécution des hérétiques entamée par son époux. Constance meurt un an après Robert II et est inhumée à Saint-Denis.

Mathilde (1027-1044)

Épouse de : Henri Ier (en 1043)

Fille de Luidolf, margrave de Frise, on sait peu de chose de Mathilde. La couronne de France, toujours soucieuse de conclure des unions dynastiques pour se ménager les bonnes grâces de ses voisins, caresse peut-être la volonté de se rapprocher du Saint-Empire. La jeune fille épouse le roi de France Henri Ier en 1043 et meurt un an plus tard, sans avoir donné d'héritier à la couronne.

Anne de Kiev ou de Russie (vers 1024-vers 1080)

Épouse de : Henri Ier (en 1051)

Pour la première fois, un roi de France décide d'aller chercher son épouse très loin de ses frontières. Le choix se porte sur Anne de Russie (ou Anne de Kiev), fille du puissant et lettré Iaroslav Ier, duc de Russie. La jeune femme vit à Kiev, une ville qui est alors en plein essor et dans laquelle son grand-père avait établi le christianisme. Il n'y a donc aucun obstacle à l'union des couronnes de France et de Russie. Après de longues négociations, le mariage est célébré en 1051. La reine est belle et dotée d'une bonne santé. Elle évolue au sein d'une cour modeste où elle essaie de reproduire l'ambiance cultivée qu'elle a connue lors de sa jeunesse. Anne accompagne souvent son époux qui voyage à travers le royaume, mais elle apprécie particulièrement la ville de Senlis qu'elle préfère à Paris. La reine donne un fils à son mari. Le prénom choisi, Philippe, est inhabituel et reflète l'influence slave d'Anne. En 1060, Henri Ier s'éteint et le nouveau roi n'a que sept ans... La situation est délicate pour Anne dont on voit mal comment elle pourrait assurer la régence. Celle-ci est confiée à l'oncle de Philippe, mais Anne demeure associée à la vie de la cour. La reine rencontre l'amour en la personne de Raoul de Crépy. L'homme est déjà marié mais il enlève Anne et fait peser le poids de l'adultère sur son épouse pour faire casser son union. Les amoureux se marient en 1062. L'épouse répudiée va se plaindre auprès du pape qui exige de Crépy qu'il renvoie Anne et reprenne son épouse légitime. Malgré l'excommunication, ils continuent à vivre ensemble et réussissent même à se réconcilier avec le roi Philippe qui leur battait froid. Raoul meurt en 1074 et Anne achève sa longue vie dans un couvent non loin de sa bonne ville de Senlis, vers 1089.

Berthe de Hollande (vers 1055-1094)

Épouse de : Philippe Ier (en 1071)

Fille de Florent Ier comte de Hollande et de Gertrude de Saxe, Berthe épouse Philippe Ier, désireux d'affermir le pouvoir royal. À cette époque, Guillaume, duc de Normandie, a conquis l'Angleterre et fait figure de dangereux rival pour le roi de France. De son côté, Berthe s'inquiète de ne pas réussir à donner d'héritier au roi. Elle finit par faire appel aux prières d'un homme de foi pour accomplir son plus cher vœu. Nul ne sait d'où provient le miracle, mais elle engendre bientôt un fils (le futur Louis VI le Gros). Elle donne ensuite d'autres enfants au roi, ce qui ne l'empêche pas de la répudier après vingt ans de mariage pour épouser Bertrade, la fille d'un vassal.

L'infortunée Berthe est exilée dans le château de Montreuil-sur-Mer qu'elle avait apporté en dot. Elle y meurt en 1094 sans savoir que son mari ingrat sera excommunié un an plus tard.

Bertrade de Montfort (vers 1060-1117)

Épouse de: Philippe Ier (en 1092)

Bertrade figure au premier rang de toutes les souveraines de France qui véhiculent une image sulfureuse. Mariée au comte Foulques IV d'Anjou, on la décrit comme belle et sensuelle. Dès son vivant, la légende s'est emparée d'elle. Certains chroniqueurs racontent qu'elle a été enlevée par le roi de France, d'autres qu'elle l'a rejoint volontairement. Toujours est-il qu'ils convolent en 1092 alors qu'ils sont déjà tous les deux mariés.

Le clergé s'indigne de cette union mais Philippe fait la sourde oreille. Bertrade est une femme voluptueuse qui donne des enfants au roi. L'infortunée Berthe meurt bientôt, ce qui exclut *de facto* l'accusation de bigamie. Foulques IV pèse de tout son poids dans la lutte contre le roi de France, et le pape Urbain II prend la décision d'excommunier Philippe Ier. La sanction est grave, mais la guerre d'usure avec Rome ne fait que commencer, d'autant plus que Philippe peut compter sur l'appui de quelques évêques. Le roi fait mine de céder et chasse Bertrade de la cour, mais il ne compte pas renoncer pour autant à sa belle avec laquelle il continue à entretenir une relation passionnée. Furieux, le pape frappe d'interdit tout le royaume. Même la mort d'Urbain II et l'arrivée du nouveau pape Pascal II sur le trône de Pierre n'améliorent pas la situation de Philippe.

De guerre lasse, le roi promet de ne plus avoir de relation charnelle avec sa chère Bertrade. La chronique a gardé le souvenir du roi et de la reine arrivant pieds nus devant le Saint-Père. Il semble que les deux amants aient poursuivi leur relation par la suite mais cette fois le pape fait mine de ne rien savoir.

Philippe meurt en 1108 et Bertrade prend le voile au monastère de Fontevrault où elle ne réussira jamais à se faire aux exigences de la vie religieuse.

Lucienne de Rochefort (?)

Épouse de : Louis VI le Gros (en 1104)

La fille de Gui Ier de Rochefort épouse le futur Louis VI. Le mariage est entouré de mystère. Tout au plus sait-on que l'union a été courte (trois ans) et que Lucienne finit par être répudiée sans que l'on connaisse avec précision les raisons de cette décision. Lucienne a été l'épouse de Louis VI à l'époque où il était associé au trône de son père. On peut la considérer à ce titre comme reine de France.

Adélaïde de Savoie (vers 1100-1154)

Épouse de : Louis VI le Gros (en 1115)

Fille d'Humbert II de Savoie et de Gisèle de Bourgogne, Adélaïde a également la particularité d'être la nièce du pape Calixte II. À une époque où la couronne de France a grand besoin de réconciliation avec Rome, ces épousailles semblent d'excellent augure. Certes, Louis VI a la réputation d'être un roi paillard et amateur de bonne chère. Il est en outre un incorrigible batailleur. Son union avec Adélaïde le ramène sur le droit chemin en matière de vie privée, même s'il ne renonce pas à son penchant pour les combats. La reine n'est pas une belle femme, mais ceux qui l'approchent vantent sa gentillesse, sa piété et sa sensibilité. Elle donne huit enfants au roi. Le premier, Philippe, est associé au trône avant de mourir deux ans plus tard. C'est ensuite son deuxième fils, Louis, qui est associé au trône en 1131. Adélaïde, qui semble jouer un véritable rôle politique auprès de son époux, devient veuve en 1137. Elle n'a que trente-sept ans et laisse son fils gouverner puisqu'il est déjà en âge de le faire. La reine épouse alors Mathieu de Montmorency avec lequel elle mène une vie épanouie pendant plus de quinze ans. En 1153, arrivée à l'automne de sa vie, elle se retire à l'abbaye de Montmartre pour se rapprocher de Dieu. Elle y meurt quelques mois plus tard en 1154.

Aliénor d'Aquitaine (1122-1204)

Épouse de : Louis VII le Jeune (en 1137)

Fille du duc d'Aquitaine Guillaume X et d'Aliénor de Châtellerault, Aliénor grandit dans l'atmosphère brillante d'une cour ouverte aux jeux de l'esprit, à la musique des mots et aux finesses de l'art. Guillaume X n'a pas de fils et c'est Aliénor qui doit lui succéder. En bon vassal, il confie à son suzerain le roi Louis VI le soin de la marier. Ce dernier réussit un joli coup en lui destinant l'héritier du trône, le futur Louis VII. Ainsi, la riche Aquitaine tombera dans l'escarcelle royale.

Louis VI meurt le jour même des noces de son fils. Voilà que les deux époux se retrouvent rapidement propulsés sur le devant de la scène, écrasés par le poids de leur nouvelle charge. Louis VII semble être sincèrement amoureux de son épouse, mais Aliénor lui reproche son austérité quasi monacale. La cour est terne pour Aliénor, une jeune femme joyeuse, raffinée et très consciente de sa beauté. Elle fait venir des artistes du sud qui donnent un peu d'éclat à la cour. Hélas, Aliénor n'accomplit pas le devoir dynastique que l'on attend d'elle et ne donne qu'une fille au roi. Par ailleurs, les Grands du royaume lui reprochent la domination qu'elle exerce sur son mari. Aliénor s'implique dans la Croisade et collecte de l'argent pour l'entreprise de foi. Mais, au fur et à mesure du périple des Croisés, les époux s'éloignent inexorablement au point de rentrer chacun de leur côté pour la Sicile. L'Orient a offert à la reine le faste et le raffinement qui faisaient défaut à la cour de France. C'est une Aliénor transfigurée qui rentre au pays. En 1149, les souverains sont reçus par le pape Eugène III qui tente de les réconcilier. L'entreprise du Saint-Père semble porter ses fruits et les deux époux rentrent à Paris. Aliénor donne un autre enfant au roi mais il s'agit encore d'une fille...

À cette époque, la reine n'est pas insensible au charme d'un seigneur de la cour, Henri Plantagenêt, comte d'Anjou et du Maine, également héritier de la couronne d'Angleterre.

En 1152, le mariage d'Aliénor et de Louis est rompu pour cause de consanguinité. Elle épouse peu de temps après Henri Plantagenêt qui a douze ans de moins qu'elle. L'année suivante, elle lui donne un fils et ensuite sept autres enfants. À la mort du roi d'Angleterre, les époux quittent le continent pour regagner Londres où ils se font acclamer. Commence alors un règne où Aliénor prend une part active dans les affaires politiques. Il s'agit d'organiser un pays en plein chaos et le couple s'y entend à merveille. La cour devient le rendez-vous privilégié des poètes et des savants. Le roi apparaît comme le souverain le plus puissant de la chrétienté. Hélas, Henri finit par se détourner de son épouse au profit de sa maîtresse, Rosamonde. Aliénor se réfugie à Poitiers où elle reconstitue une nouvelle fois une cour raffinée à son image. Guidée par l'envie de vengeance, elle en profite pour monter ses fils contre leur père. Quand trois des fils d'Henri se réfugient à la cour du roi de France, le roi d'Angleterre entame une guerre qui lui permet d'arrêter Aliénor. Celle-ci est enfermée à Chinon, puis en Angleterre. Ce n'est qu'à la mort de son époux en 1189 qu'elle retrouve la liberté et peut à nouveau assurer le pouvoir. Mais son existence d'aventures est loin d'être achevée. Très proche de son fils préféré Richard Cœur de Lion, elle vit l'épopée de la troisième croisade, les intrigues de Jean sans Terre et la captivité du roi Richard. Elle réussit à rassembler l'argent de la rançon et va personnellement libérer le souverain légitime. Elle vit le drame de la mort de Richard en 1199 et se rend en Castille pour aller y chercher Blanche, la princesse destinée au futur Louis VIII. Ensuite, elle se retire à Fontevrault dont elle fait le cœur spirituel de l'immense domaine Plantagenêt. Entrée dans la vieillesse, elle assiste à l'écroulement de l'œuvre de sa vie par la faute d'un souverain malhabile. Elle s'éteint en 1204 après une longue existence d'aventures, de réussites et de déconvenues.

Constance de Castille (vers 1136-1160)

Épouse de: Louis VII le Jeune (en 1154)

La fille du roi de Castille eut la lourde tâche de succéder à Aliénor d'Aquitaine auprès de Louis VII. Dotée d'une éducation très pieuse, elle a tout pour plaire au souverain auquel elle donne une première fille. Elle accomplit le pèlerinage de Saint-Jacques-de-Compostelle avec son époux et meurt peu après son retour à Paris. Elle venait de donner naissance à une nouvelle petite fille qui ne lui survit que quelques jours.

Adèle de Champagne (vers 1140-1206)

Épouse de : Louis VII le Jeune (en 1160)

Fille de Thibaut II de Champagne, Adèle sait ce que l'on attend d'elle dès son mariage. Louis VII n'a toujours pas d'héritier et il se prend d'affection pour cette jeune femme deux fois plus jeune que lui. Adèle obtient des charges pour ses frères et comble le roi en lui donnant, après cinq ans de mariage, un fils prénommé Philippe (le futur Philippe-Auguste). Le roi est probablement très épris de son épouse. Le prince Philippe est associé au trône dès l'âge de quatorze ans et marque son autorité en prenant ses distances avec le camp Champagne (celui de sa mère) pour se rapprocher du camp Flandre. Quand meurt Louis VII, le nouveau roi s'arroge tout le pouvoir au détriment de sa mère.

Adèle joue encore un rôle de premier plan en prenant en charge son petit-fils (le futur Louis VIII) quand Philippe-Auguste part en croisade. Son rôle se fait plus effacé par la suite et elle meurt au palais de la Cité en 1206.

Isabelle de Hainaut (1170-1190)

Épouse de : Philippe II Auguste (en 1180)

Fille du comte de Hainaut et de Marguerite d'Alsace, Isabelle est aussi la nièce du comte de Flandre. Cette parentèle pousse le jeune Philippe II à porter son choix sur elle. En fin politique, il veut avant tout contrebalancer le pouvoir du puissant parti champenois mené par sa mère. Quand elle est sacrée, Isabelle n'a que dix ans et son époux quinze. Hélas, Philippe II ne se préoccupe pas beaucoup de cette épouse à laquelle il reproche son manque d'influence auprès de sa famille. Mais Isabelle sait se faire aimer du peuple de Paris et s'entoure d'excellents troubadours. Elle doit faire face à sa belle-mère, la reine Adèle, qui lui reproche de ne pas donner d'héritier mâle au trône. Préoccupé et déçu par son épouse, le roi lui ordonne de quitter la cour et Isabelle se rebiffe en sortant dans les rues de Paris en tenue de pécheresse. Philippe II veut éviter les faux pas politiques et consent à la garder auprès de lui. Elle lui donne un fils (le futur Louis VIII). Cette naissance annonce les nombreux succès militaires et politiques de Philippe II, qui devient un des premiers souverains de son temps. Isabelle s'éteint à l'âge de vingt ans après avoir donné le jour à deux garçons qui ne vivront pas.

Ingeburge de Danemark (1175-1236)

Épouse de : Philippe II Auguste (en 1193)

Fille de Waldemar le Grand, roi du Danemark, et de Sophie de Russie, Ingeburge est une jolie et saine jeune fille. Quand elle débarque à la cour de France, elle ne parle pas la langue mais compte bien trouver sa place aux côtés de ce souverain dont l'Europe a suivi les démêlés conjugaux avec l'infortunée reine Isabelle. L'incroyable événement se produit le jour du sacre. Le roi regarde la jeune fille et annonce qu'il souhaite qu'elle soit remise aux ambassadeurs danois. Nul ne connaît la cause de cette décision (s'agit-il d'un handicap de la reine, d'une cause diplomatique, d'une incompatibilité physique...). Certains affirment que, malgré la beauté de la reine, Philippe n'a pu consommer son mariage parce que la jeune reine est ensorcelée. Toujours est-il qu'Ingeburge refuse de céder : elle ne quittera pas le roi. Philippe II, qui n'est pas homme à se laisser dicter ses décisions, campe sur ses positions et l'envoie au monastère de Saint-Maur-les-Fossés. Un concile dissout le mariage en 1193.

Décidément indomptable, Ingeburge ne se laisse pas faire. Elle envoie une requête au pape qui tente une démarche auprès du roi. Philippe II refuse et le pape casse l'annulation. Dès lors, Philippe-Auguste ne peut pas se remarier. Têtu, le roi convole avec Agnès de Méranie et le nouveau pape n'hésite pas à frapper le royaume d'interdit. La mort dans l'âme, Philippe doit se séparer d'Agnès et reprendre Ingeburge. Dès lors, le souverain alterne le chaud et le froid en faisant mine d'accepter son union avec la reine danoise avant de la chasser de la cour.

Philippe II poursuit sa politique en réalisant des conquêtes et de grands travaux tandis qu'Ingeburge se morfond dans un donjon où nul ne peut la voir. À la faveur d'un retournement de politique internationale, Philippe II a besoin de l'appui des Danois et Ingeburge rentre en grâce. Cette fois, Philippe II ne la chasse pas, elle demeure à la cour où elle mène une vie de reine. Elle participe même à l'apogée du règne de son époux en étant associée à la victoire de Bouvines. À la mort de son inconstant mari, la discrète Ingeburge devient reine douairière et mène une vie paisible avant de s'éteindre à Corbeil en 1236.

Agnès de Méranie (1172-1201)

Épouse de : Philippe II Auguste (en 1196)

La fille de Berchthold IV de Méranie épouse le roi de France malgré l'interdiction que lui a signifiée le Saint-Siège de se remarier. Prenant la place de l'infortunée Ingeburge, Agnès donne plusieurs enfants au roi : une fille et deux fils. Philippe-Auguste connaît une véritable passion pour la jeune femme qui lui fait oublier ses déboires sentimentaux. Au début, la position du roi paraît tenable mais l'élection du nouveau pape Innocent III vient compliquer les choses. Le souverain pontife traite Agnès d'intruse, elle n'est selon lui qu'une « femme du dehors ». Philippe II doit éloigner Agnès à Poissy et rappeler Ingeburge. Pétrie d'inquiétude pour son avenir, Agnès est encore enceinte dans cette période troublée. À Poissy où elle s'est installée, elle donne naissance à un petit Tristan. Ni la mère ni l'enfant ne survivront à cet accouchement. Le pape consent néanmoins à légitimer les enfants de la pauvre Agnès.

Blanche de Castille (1188-1252)

Épouse de : Louis VIII le Lion (en 1200)

Fille d'Alphonse VIII de Castille et petite-fille d'Aliénor d'Aquitaine, Blanche apparaît comme un des plus beaux partis d'Europe. Alors qu'elle n'est encore qu'une enfant, sa grand-mère vient la chercher pour la marier au fils du roi de France.

Très pieuse, Blanche poursuit son apprentissage auprès du prince héritier. Une véritable complicité naît rapidement entre les deux adolescents. Dès 1205, Blanche donne le jour à un premier enfant. Au total, elle en aura onze. À l'époque, Paris s'étend et embellit. Le couple mène une existence calme jusqu'à ce que Philippe II consente enfin à voir son fils guerroyer. Louis remporte une importante victoire contre Jean sans Terre et y acquiert son surnom de « Lion » avec lequel il entrera dans l'histoire. L'ascendance Plantagenêt de Blanche fait rêver la France de répéter l'exploit de Guillaume le Conquérant. Alors qu'il paraissait près du but, Louis doit renoncer à son ambition après une défaite contre les troupes anglaises.

Après la mort de Philippe II en 1223, le nouveau couple royal est sacré à Reims. Rapidement, Blanche est confrontée à l'exercice du pouvoir en voyant son époux partir à la guerre. Louis VIII participe à la croisade contre l'hérésie albigeoise. Le roi mène un siège implacable de la ville d'Avignon sous une chaleur difficilement soutenable. Le souverain tombe malade et décède peu après. Blanche se retrouve seule, aux prises avec une profonde douleur. Mais elle sait rapidement se ressaisir. Son fils Louis IX est sacré roi, et, selon les vœux du roi défunt, c'est l'énergique Blanche qui prend en main les destinées de la France. La reine démontre une grande habilité en matant les révoltes et notamment celle menée par le comte de Bretagne. Fine politique, Blanche a l'intelligence de s'appuyer sur la moyenne noblesse tandis que les grands seigneurs cherchent à accroître leur pouvoir au détriment de la couronne. Louis IX atteint sa majorité, mais le rôle de Blanche ne faiblit pas. Elle encourage la transformation de la capitale et pratique une ambitieuse politique de mariages également censés garantir la paix. Certains la jugent froide et autoritaire et d'autres juste et capable. Mais elle ne porte pas sa belle-fille dans son cœur et veille sur son fils avec jalousie. Sa piété la pousse à appuyer la politique de répression contre les Albigeois, mais elle s'inquiète de voir son fils vouloir partir à la croisade. L'expédition de Louis IX tourne au désastre et le roi ne semble guère pressé de rentrer au pays. En France, Blanche fait face avec sévérité à des remous sociaux. Fidèle à la tradition capétienne, elle n'hésite pas à prendre le parti des paysans contre les grands seigneurs. Elle sent les stigmates de la vieillesse mais elle est encore heureuse de gouverner. Toutefois, minée par la fatigue et des problèmes de cœur, elle finit par se retirer à l'abbaye de Mautbuisson où elle meurt peu de temps après, sans avoir revu son fils, à l'âge de soixante-quatre ans.

Marguerite de Provence (1221-1295)

Épouse de : Louis IX (Saint Louis) (en 1234)

Quand l'énergique Blanche choisit une épouse pour son fils, elle ne laisse rien au hasard. Fille du comte de Provence Raimond-Bérenger V et de Béatrice de Savoie, Marguerite lui paraît être la candidate idéale. Blanche apprécie aussi la différence d'âge de sept ans qui, dans l'immédiat, ne fait pas de la petite princesse une rivale à son pouvoir personnel. Marguerite est intelligente, joyeuse et très cultivée. Très pieuse, elle est prête à sacrifier les plaisirs personnels pour le bien commun. Si Louis IX ne semble au début guère empressé auprès de sa nouvelle épouse, il lui voue pourtant un véritable attachement. Blanche joue son rôle de belle-mère autoritaire, mais elle ne peut reprocher à sa bru de ne pas accomplir son devoir dynastique. Marguerite donne onze enfants au roi, ce qui ne l'empêche pas de quitter Paris et de le suivre pour la croisade. À cette occasion, Marguerite révèle un tempérament bien trempé en endurant notamment avec dignité une période de captivité à Damiette. Par la suite, elle demeure avec le roi et le presse de ne pas abandonner le trône lorsqu'il apprend la mort de sa mère. Le couple revient en France en 1254. Dès lors, ils commencent réellement à régner. Leur action est placée sous le signe de l'apaisement et de la justice.

La reine fait de la cour un lieu raffiné où se conjuguent l'élégance, l'esprit et la poésie. Marguerite tente de faire valoir ses droits sur la Provence. Elle suit l'exemple de sa belle-mère tant décriée en faisant peser son influence sur le prince héritier Philippe. Elle va jusqu'à lui faire signer un serment pour l'obliger à confier le pouvoir à sa mère en cas de mort du roi.

Louis IX se méfie alors de son épouse et ne lui confie pas la régence lorsqu'il part pour la huitième croisade. L'expédition est un désastre. Le roi meurt devant Tunis. Marguerite apprend également la disparition d'un de ses fils, de sa fille, de son gendre et de sa belle-fille dans cette désastreuse aventure.

Dès lors, Marguerite assume une courte régence de fait aux côtés de son fils Philippe III devenu veuf. À l'âge de cinquante ans, elle obtient le douaire que lui avait promis son défunt époux et se consacre à sa gestion. Dès le remariage du nouveau roi, elle décide de se retirer. L'accession au trône de Philippe IV correspond à son retrait de la vie politique. Infatigable, Marguerite se consacre désormais à la charité et aux bonnes œuvres. Elle s'installe au couvent des Cordeliers de Saint-Marcel où elle meurt en 1295.

Isabelle d'Aragon (1243-1271)

Épouse de : Philippe III le Hardi (en 1262)

Suite à un traité conclu entre Louis IX de France et Jacques Ier d'Aragon, il est décidé de marier Isabelle au prince héritier de France. Un temps promise au prince Louis, on la destine à son frère Philippe lorsque le premier candidat trépasse. Isabelle a dix-neuf ans lorsqu'elle rencontre son époux Philippe âgé de dix-sept ans. La jeune femme rayonne et donne naissance à plusieurs enfants dont le futur Philippe IV. De son côté, le prince Philippe paraît écrasé par le poids de sa mère et la personnalité de son père. En 1270, Louis IX se laisse embarquer dans l'aventure de la huitième croisade. Le roi meurt devant Tunis et Philippe devient Philippe III. Il tombe lui-même malade alors qu'il est proclamé roi de Tunis. Le nouveau roi paraît surmonter la maladie quand les troupes françaises décident de rentrer au pays. Isabelle est enceinte et fait une mauvaise chute en traversant une rivière. Elle se blesse et accouche d'un enfant qui meurt peu après. Atteinte par la fièvre et accablée par la fatigue, elle s'éteint en 1271 à l'âge de vingt-huit ans.

Marie de Brabant (1260-1321)

Épouse de : Philippe III le Hardi (en 1274)

La fille d'Henri III duc de Brabant peut s'enorgueillir d'une excellente éducation lorsqu'elle arrive à la cour de France.

De grande beauté, la nouvelle épouse de Philippe III possède peu de points communs avec son époux. Elle se heurte rapidement au parti de Pierre de la Brosse, le favori du souverain. Pour ne rien arranger, le prince Louis – l'héritier de Philippe – trépasse et de nombreux bruits commencent à courir sur une prétendue culpabilité de la reine. Philippe III est partagé entre plusieurs sentiments, il va jusqu'à menacer sa femme si elle n'avoue pas tout ce qu'elle sait, puis il se ravise et condamne son ancien favori à la pendaison. La reine mère n'a pas écarté toute velléité de gouverner et un nouvel affrontement se déclare entre la belle-mère et son ambitieuse bru. La vieille Marguerite abandonne la partie. Marie dispose d'une réelle influence, mais elle ne jouera jamais un rôle de premier plan.

Face aux débâcles de la politique étrangère de son époux, elle n'a pas l'envergure nécessaire pour infléchir la situation.

Quand Philippe III meurt, Marie n'a encore que vingt-cinq ans. Elle ne se mêle plus de politique mais elle s'occupe de ses enfants et de leurs mariages. Elle passe la fin de sa vie dans un couvent où elle disparaît en 1321. La jeune épouse de Philippe III a eu le temps d'assister aux obsèques de deux autres rois : Philippe IV le Bel et Louis X le Hutin.

Jeanne de Navarre (1273-1305)

Épouse de : Philippe IV le Bel (en 1284)

Fille d'Henri II de Champagne et de Blanche d'Artois, la petite Jeanne est promise au roi d'Angleterre et au fils du roi d'Aragon avant de faire l'objet d'un marchandage avec le roi de France Philippe III. Elle doit épouser Philippe, le deuxième fils du roi... qui devient héritier du trône à la mort du prince Louis.

Jeanne est élevée à la cour de France et épouse son prince en 1284 à Notre-Dame-de-Paris. Le couple ne manque pas de charme mais n'aura pas le temps de profiter d'une oisiveté toute relative. Philippe III meurt prématurément et Philippe IV monte sur le trône. Jeanne est reine à treize ans. Dès 1289, elle donne naissance à un premier fils. Elle mettra six enfants au monde.

Jeanne assiste son époux dans ses guerres et va jusqu'à prendre la tête des troupes. En 1299, elle accompagne son mari qui part combattre les Flamands. La reine se distingue aussi dans le domaine religieux et fonde le collège de Navarre à Paris.

Philippe IV entre en conflit ouvert avec le pape Boniface VIII. Ce dernier sombre dans la folie et meurt quelques semaines plus tard. La situation politique est donc très tendue quand meurt à son tour la reine Jeanne. Certains vont jusqu'à dire que la mort de la souveraine n'est pas naturelle mais aucune preuve ne peut être donnée.

Marguerite de Bourgogne (vers 1292-1315)

Épouse de : Louis X le Hutin (en 1305)

La fille du duc de Bourgogne Robert II est mariée au fils aîné de Philippe le Bel en 1305 à Vernon. La légende et le succès des *Rois Maudits* se sont emparés du destin de cette jeune femme qui ne donnera qu'une fille à son mari. Marguerite jouit d'un physique agréable et affirme sa personnalité. Louis, adolescent difficile, n'est pas de nature à satisfaire sa jeune épouse.

Mais qu'en est-il de l'aventure avec les frères d'Aunay qui lui sera fatale ? Un fait est avéré : en 1314, Philippe le Bel donne l'ordre d'arrêter ses trois belles-filles, Marguerite, Jeanne et Blanche. Apparemment, la dénonciation est le fait de sa propre belle-sœur, la reine Isabelle d'Angleterre, fille de Philippe le Bel. Marguerite est détenue à Château-Gaillard, vêtue de bure et mal nourrie. Le sort des supposés amants est encore moins enviable. Ils sont interrogés, torturés et exécutés. D'après les témoins du temps, Marguerite aurait reconnu et regretté le poids de ses fautes. En 1314, elle devient reine mais elle fait figure d'épouse encombrante. Elle meurt, probablement étranglée quelques mois plus tard, scellant de la sorte son tragique destin.

Clémence de Hongrie (vers 1293-1328)

Épouse de : Louis X le Hutin (en 1315)

Petite-fille de l'empereur Rodolphe Ier du Saint Empire romain germanique, Clémence de Hongrie est une jeune femme particulièrement réputée pour sa beauté. Alors qu'elle est en route pour la France, son bateau chavire. La princesse perd ses bijoux et sa dot dans l'aventure. Elle apprend aussi que la première épouse du roi Louis a été assassinée. Malgré ces mauvais présages, Clémence épouse le roi en 1315 avant d'être sacrée, quelques mois plus tard à ses côtés, dans la cathédrale de Reims. Le règne de Louis X est des plus éphémères puisque le monarque s'éteint en 1316 d'une mystérieuse maladie dans laquelle certains voient un empoisonnement. Clémence est enceinte alors que les complots se trament pour préparer la succession. Le 15 novembre 1316, Clémence donne le jour à un fils prénommé Jean. Le bébé devient dès lors Jean Ier, dit le Posthume. Le pauvre enfant ne vit que quatre jours et à nouveau les soupçons se multiplient. S'agit-il d'une mort naturelle ou d'un assassinat ? Alors que certains voudraient voir le trône passer entre les mains de Jeanne (la fille de Marguerite de Bourgogne et de Louis X), le frère du roi défunt, Philippe, réussit à se faire couronner à Reims. Avec prudence, Clémence quitte la cour et prend le voile dans un couvent d'Aix-en-Provence.

Elle revient plus tard à Paris où elle assiste aux disparitions de ses deux beaux-frères. Elle disparaît à son tour en 1328, âgée de trente-cinq ans.

Jeanne de Bourgogne (vers 1291-1330)

Épouse de : Philippe V le Long (en 1307)

Fille d'Othon IV comte de Bourgogne et de Mahaut d'Artois, Jeanne épouse le deuxième fils de Philippe IV conformément aux plans matrimoniaux et territoriaux du roi de France.

Le prince Philippe est probablement le plus intelligent des enfants de Philippe le Bel. Au début, le couple paraît bien s'entendre, mais tout bascule lorsque survient l'affaire de 1314.

Jeanne est enfermée à la forteresse de Dourdan où elle n'a de cesse de crier son innocence. Aidée par sa mère, l'énergique Mahaut, elle va jusqu'à demander de subir le jugement de Dieu et se distingue par une combativité extrême. Probablement Jeanne bénéficie-t-elle aussi de l'affection de son époux ; toujours est-il qu'elle finit par être innocentée de l'accusation d'adultère. Jeanne devient donc reine en 1317. Elle donne plusieurs enfants à son époux mais pas de garçon… Philippe, qui était monté sur le trône en déniant aux femmes le droit de régner, peut difficilement faire modifier la loi qu'il a lui-même appelée de ses vœux. Jeanne fonde le collège de Bourgogne à Paris.

Une fois encore, le sort s'acharne sur la dynastie et Philippe succombe à une terrible dysenterie en 1322. Devenue veuve, Jeanne se consacre à la protection des arts et des érudits.

Elle meurt huit ans plus tard lors d'un voyage en Artois.

Blanche de Bourgogne (vers 1294-1326)

Épouse de : Charles IV le Bel (en 1308)

Conformément au traité de Longchamp, Blanche épouse Charles, le plus jeune des fils de Philippe le Bel. La nature a doté le prince d'un physique agréable mais il est loin d'être un jeune homme brillant. L'histoire rapporte que les premières années de leur mariage sont marquées par la joie de vivre et l'insouciance. Néanmoins, Blanche tombe aussi dans le piège de l'affaire de 1314 et prend le chemin de la terrible geôle de Château-Gaillard. Charles demande l'annulation du mariage mais sans succès. Blanche passe de longues années dans sa prison, assistant aux disparitions de Philippe IV, de Louis X et de son épouse Marguerite et bientôt de Philippe V. C'est dès lors son époux qui devient roi de France sous le nom de Charles IV. Blanche espère un instant sortir de sa prison pour être sacrée aux côtés de son époux. Mais le nouveau souverain refuse avec obstination. Le pape finit par accepter la dissolution de l'union et Blanche prend le voile à l'abbaye de Maubuisson. Elle meurt en 1325, âgée de trente-deux ans.

Marie de Luxembourg (vers 1305-1324)

Épouse de : Charles IV le Bel (en 1322)

Fille de l'empereur d'Allemagne, Marie de Luxembourg apporte de sérieuses garanties au roi de France sur la défense de ses frontières de l'Est. Marie épouse le roi Charles IV qui a réussi à faire dissoudre son mariage avec la sulfureuse Blanche de Bourgogne. Marie commence par donner une fille au roi puis tombe à nouveau enceinte. Hélas, l'étrange « malédiction » qui touche les héritiers de Philippe le Bel se poursuit. À l'occasion d'un voyage, la voiture qui transporte la reine se renverse. Marie survit à l'accident mais elle met au monde prématurément un fils qui meurt rapidement. Quelques mois plus tard, c'est au tour de Marie de le suivre dans la tombe.

Jeanne d'Évreux (vers 1307-1371)

Épouse de : Charles IV le Bel (en 1325)

Petite-fille de Philippe III, Jeanne d'Évreux est la cousine germaine du roi de France. Cette proche parentèle n'empêche pas le pape Jean XXII de permettre le mariage. En 1325, Jeanne devient la troisième épouse de Charles IV qui n'a toujours pas d'héritier mâle. Elle commence par donner deux filles au roi avant de tomber une troisième fois enceinte. Charles ne connaîtra jamais le sexe de l'enfant puisqu'il meurt avant la naissance. L'histoire semble se répéter et la grossesse de la reine veuve rappelle les mois qui suivirent la mort de Louis X.

Mais, cette fois, à l'issue de la grossesse, c'est à nouveau une fille qui voit le jour. Le royaume de France ne pouvant être confié à des filles, les barons se réunissent pour déterminer qui héritera de la couronne. Le choix se porte finalement sur Philippe de Valois, cousin germain des derniers souverains par un ancêtre commun, le roi Philippe III. Jeanne d'Evreux n'a plus rien à faire à la cour. Elle s'efface mais, contrairement aux reines qui l'ont précédée, elle vit longtemps, dépassant la soixantaine et s'éteint à Brie-Comte-Robert en 1371.

LES VALOIS – LES VALOIS ORLÉANS – LES VALOIS ANGOULÊME

Les numéros indiquent l'ordre des mariages

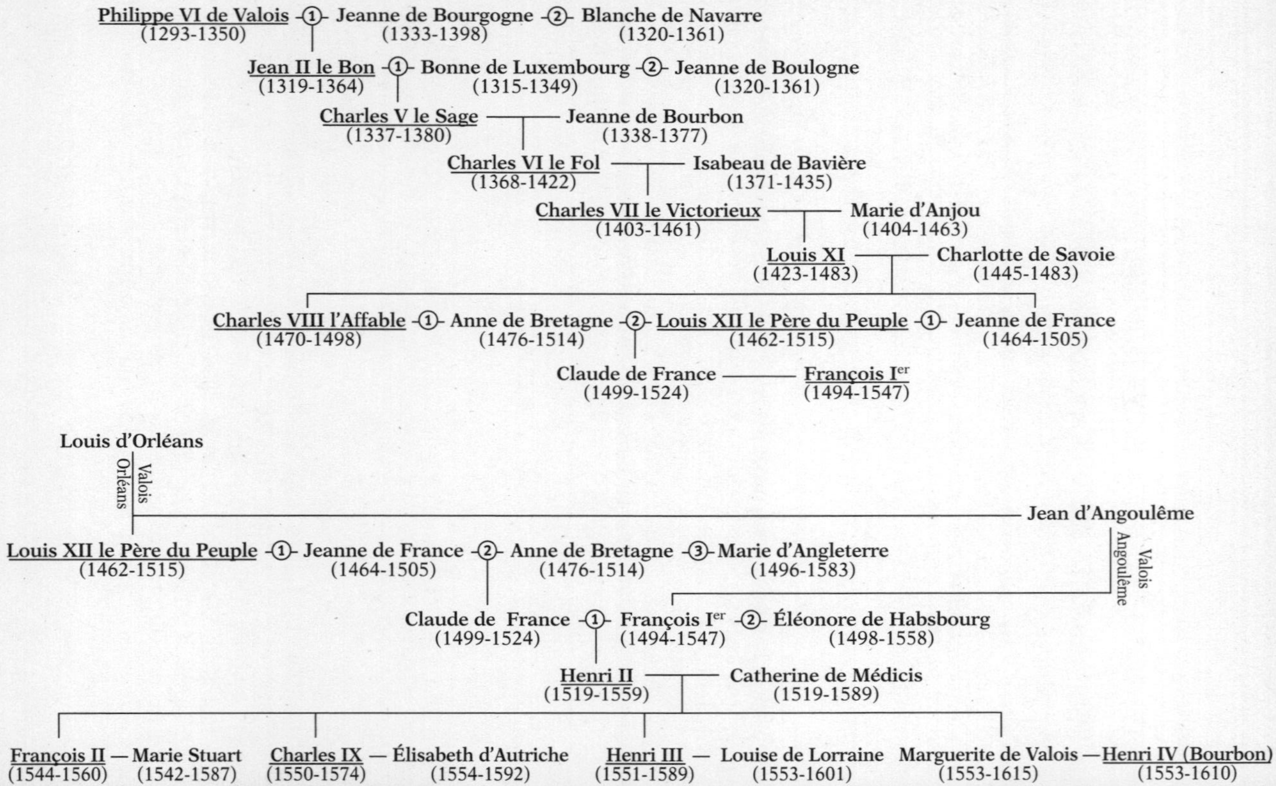

Les Valois

C'est avec Philippe VI que la dynastie des Valois accède au trône de France. Le nouveau souverain est choisi par les Grands du royaume qui le préfèrent au roi d'Angleterre Édouard III. Par sa mère Isabelle, ce dernier était pourtant petit-fils de Philippe IV le Bel, alors que le nouveau souverain Philippe VI n'en est que le neveu, fils de Charles de Valois.

Sept rois Valois règnent de 1328 à 1589 dans une période très difficile pour la France. Sur le plan international, la guerre de Cent Ans fait rage. Sur le plan dynastique, la couronne doit affronter des crises aussi graves que la détention du roi Jean II et la folie du roi Charles VI. Le rôle des reines est contesté, surtout quand survient la question de régence. La souveraine se trouve dès lors au centre de l'échiquier politique dont elle devient une pièce maîtresse.

Les deux règnes suivants – ceux de Charles VII et de Louis XI – verront le retour de l'autorité monarchique.

Avec Charles VIII, le dernier souverain Valois, la dynastie marque la transition en France du Moyen Âge à la Renaissance.

Les Valois-Orléans

Née de Louis, duc d'Orléans et frère de Charles VI le fol, la nouvelle dynastie ne donnera qu'un seul roi à la France.

Louis XII mourra lui-même sans donner d'héritier mâle à la couronne qui passera ensuite dans le giron des Valois-Angoulême. Cette époque est aussi celle de la reine Anne, la seule à avoir été reine deux fois en épousant successivement Charles VIII et Louis XII en apportant le duché de Bretagne à la couronne de France.

Les Valois-Angoulême

Entre 1515 et 1589, la branche des Valois-Angoulême donnera cinq rois à la France. La première période de la dynastie se distingue par l'intensité de son rayonnement culturel et artistique. La seconde sera marquée par le spectre des guerres de religion qui se muèrent en guerre civile. Cette époque troublée verra quelques femmes jouer un rôle de première importance. Il s'agit bien sûr des reines mais aussi des favorites qui imposent leur pouvoir sur la personne du souverain. Trois fils d'Henri II et de Catherine de Médicis se succèdent sur le trône sans donner d'héritier mâle à la couronne. Ils ouvriront de la sorte la voie aux Bourbons, une nouvelle dynastie, fondée par Henri IV.

Jeanne de Bourgogne (vers 1293-1348)

Épouse de : Philippe VI de Valois (en 1313)

Sœur de l'infortunée Marguerite de Bourgogne, Jeanne ne lui ressemble pas beaucoup. On la dit cultivée, pieuse et loin d'être belle. Jeanne est certes boiteuse mais elle est intelligente et n'est pas mêlée à l'affaire de la Tour de Nesle. Elle donne plus de dix enfants à son époux dont un fils qui sera roi. Rien ne peut laisser prévoir qu'elle deviendra un jour reine de France. C'est compter sans les décès de Louis X, de Philippe V et de Charles IV, sans héritier. Dès lors, le trône passe à Philippe VI qui devient le premier roi Valois avec, à ses côtés, Jeanne, qui devient reine de France. Celle-ci jouit incontestablement d'une grande influence sur son époux, d'autant plus qu'elle est particulièrement féconde (douze maternités) et fait donc l'objet de nombreuses critiques. On raille la « male reine boiteuse » et on lui reproche de favoriser les intérêts de sa famille. L'entente au sein du couple paraît avoir été bonne. Probablement n'a-t-elle pas été une mère douce et aimante. L'époque est troublée et marque le début de la guerre de Cent Ans. Le roi Édouard III d'Angleterre se considère comme le véritable roi de France et défie Philippe VI. Les troupes françaises sont défaites à Crécy. Peu de temps après, le roi fait face à une terrible calamité, la peste noire qui décime la capitale. La reine Jeanne est également touchée par le mal (certains y voient une punition divine) et s'éteint en 1348.

Blanche de Navarre (1333-1398)

Épouse de : Philippe VI de Valois (en 1349)

À peine veuf, Philippe VI songe à se remarier. Il jette son dévolu sur la jeune et séduisante Blanche, fille de Philippe III de Navarre et de Jeanne de France qui avait pourtant été promise à son fils, le prince Jean (et qui avait déjà été destinée au prince héritier de Castille). Quand Blanche arrive à Paris, la cour est en deuil et pleure la reine Jeanne. Philippe VI tombe sous le charme de la princesse et convole en justes noces avec la fiancée de son fils. Pendant ce temps, l'épidémie de peste continue à décimer le royaume. Le mariage ne paraît pas placé sous les meilleurs auspices, mais Philippe VI est très amoureux et son épouse est enceinte. Le roi n'a pas le temps de voir son dernier enfant, il meurt avant l'accouchement. Quelques semaines plus tard, Blanche met au monde une fille. Celui qui aurait dû être son époux monte alors sur le trône sous le nom de Jean II et la jeune reine doit déjà se retirer. Elle réside dès lors à Neauphle-le-Château où elle mène une paisible existence de veuve. Elle y meurt à l'âge de soixante-cinq ans, entourée du respect général.

Jeanne de Boulogne (1320-1361)

Épouse de : Jean II le Bon (en 1350)

Fille de Guillaume de Boulogne et d'Auvergne et de Marguerite d'Évreux, Jeanne de Boulogne est d'abord l'épouse de Philippe de Bourgogne auquel elle donne plusieurs enfants. Devenue veuve, elle épouse le prince Jean, lui-même veuf de la princesse Bonne de Luxembourg, qui lui avait donné neuf enfants dont le futur Charles V. C'est donc à un étrange mariage entre deux veufs qu'assiste la foule de Paris dans une ville affaiblie par les épidémies, la guerre et la famine. Le prince Jean est un homme difficile à cerner, aimant le luxe et facilement impulsif. En 1350, il devient roi sous le nom de Jean II et Jeanne est sacrée à ses côtés. La guerre contre les Anglais fait rage et le roi Jean est rapidement fait prisonnier. Certains pensent que la régence va revenir à Jeanne mais il n'en est rien. C'est le jeune dauphin Charles qui assume la charge. Jeanne trouve refuge en Bourgogne et assiste de loin aux luttes qui ravagent le royaume. Le dauphin se heurte à Étienne Marcel, le prévôt des marchands.

Jean II ne revient à Paris qu'en 1362, soit quelques mois après la mort de son épouse dont il n'a jamais été très proche, préférant mener sa vie de plaisirs à Londres que d'assumer le pouvoir à Paris.

Jeanne de Bourbon (1338-1377)

Épouse de : Charles V le Sage (en 1350)

La fille de Pierre Ier de Bourbon est promise au prince Charles de France, conformément aux vœux du roi Philippe VI. Une fois n'est pas coutume, les deux époux partagent de nombreux points communs et d'étroits liens de parenté. Le pape accorde une dispense qui rend l'union possible. Tout aussi peu habituelle est la bonne entente du couple formé par Charles et Jeanne.

Les deux jeunes gens assistent à tous les événements qui bouleversent la famille, des mariages de Philippe VI à la longue captivité de Jean II. Conséquence immédiate du comportement de Jean, les époux se retrouvent très vite face à la réalité du pouvoir. Charles exerce la régence dans des circonstances troublées avant de monter sur le trône en 1364. À la tête de l'État, le couple mène une politique sage et efficace qui permet à la France de reconquérir les provinces perdues. Jeanne assiste efficacement son époux sans chercher à outrepasser son rôle. Elle l'encourage aussi dans sa politique artistique et urbanistique en achevant notamment le chantier du Louvre. Jeanne donne huit enfants au roi dont cinq meurent rapidement. Certains y ont vu une conséquence de la consanguinité du couple. En 1377, la reine perd la vie à son neuvième accouchement. La peine de Charles V est immense, à la mesure de son amour pour la reine. Le roi, qui mourra à son tour trois ans plus tard, ne se remariera pas. Rarement le royaume de France connut couple plus uni à sa tête.

Isabeau de Bavière (1371-1435)

Épouse de: Charles VI le Fol (en 1385)

Isabeau de Bavière incarne bien le destin des reines étrangères qui ont souvent cristallisé l'hostilité populaire en France.

À la mort de Charles V, ses frères s'emparent du pouvoir alors que le nouveau roi Charles VI n'est encore qu'un enfant de douze ans. Philippe de Bourgogne est à l'origine du mariage du jeune souverain avec la fille d'Étienne II de Bavière. Si le mariage est arrangé, il n'est pas pour autant dépourvu de coup de foudre. Charles VI succombe au charme de sa promise dès le premier regard. Le couple est uni dans la cathédrale d'Amiens et c'est le début d'un tourbillon de fêtes et de réjouissances. La France connaît une période d'embellie qui culmine lorsque Charles VI prend la décision de renvoyer ses trois oncles, très impopulaires pour leur train de vie dispendieux. Charles VI est surnommé le bien-aimé tandis que l'on vante volontiers la grande beauté de la reine. Isabeau est sincèrement éprise de son époux malgré ses infidélités. La reine aime l'ambiance des fêtes de la cour.

La belle histoire subit un coup d'arrêt en 1392 quand le roi connaît une première crise de folie dans la forêt du Mans. Pris de démence, le souverain charge son escorte en brandissant son épée. Face à la démence du roi, ses oncles reviennent sur le devant de la scène. Ils partagent désormais le pouvoir avec le frère du roi et celui de la reine. L'épisode du Bal des Ardents, où le roi échappe par miracle à un incendie, plonge le souverain plus encore dans la folie. De son côté, Isabeau s'abîme en prière et recourt à des charlatans pour lever le charme dont elle estime son époux être victime. Elle tente de conserver à la cour son train de faste, mais elle est confrontée à l'agressivité du roi qui alterne des phases de crise et d'abattement. Alors qu'il sombre dans la folie la plus totale, Isabeau lui donne sept enfants. Elle exerce la régence lorsque le roi est « empêché », mais elle est confrontée à la lutte des clans autour du trône. Elle doit également faire face à la rumeur qui la dit infidèle et entichée du frère du roi, Louis d'Orléans. Ce dernier est assassiné et l'affrontement entre les Bourguignons et les Armagnacs fait rage. On reproche également à Isabeau son amour de l'argent et ses dépenses qu'elle destine principalement aux vêtements, aux parfums raffinés et aux livres.

Prudemment, Isabeau se tient avec ses enfants hors de Paris pour ne pas être entraînée dans la lutte. Hélas, la reine n'a pas un sens politique très aiguisé et elle ne peut empêcher le pays de se déchirer dans une guerre des camps. Pendant ce temps, le roi d'Angleterre profite de la lutte pour reprendre pied en France. Isabeau a perdu sa beauté d'antan et sa résistance physique est largement entamée. L'opposition entre Isabeau et son fils Charles mène au mariage de sa fille Catherine et de Henri V d'Angleterre. La reine de France prend le parti de son gendre, qui est appelé à devenir roi à la mort de Charles VI. Par ce mariage, la réunion des couronnes de France et d'Angleterre paraît possible jusqu'à la mort d'Henri V en 1422. Une fois de plus, les calculs d'Isabeau sont voués à l'échec. Le nouveau roi est un très jeune enfant répondant au nom de Henri VI et la reine de France est écartée de la régence.

Peu de temps après, c'est au tour de Charles VI de trépasser. Isabeau prend faits et cause pour Henri VI, en qui elle voit le nouveau roi de France, tandis que son fils honni se fait sacrer à Reims sous le nom de Charles VII. L'irruption de Jeanne d'Arc a modifié le cours de l'histoire et les ennemis d'hier se réconcilient. Philippe de Bourgogne reconnaît en Charles VII le roi de France et leur seul ennemi est désormais anglais. Isabeau ne survit pas longtemps au naufrage de ses illusions. Elle meurt en 1435 et rejoint son époux à Saint-Denis. Leur règne qui avait commencé sous les meilleurs auspices fut l'un des plus sombres de l'histoire de France.

Marie d'Anjou (1404-1463)

Épouse de : Charles VII le Victorieux (en 1422)

La fille de Louis II d'Anjou est promise dès son plus jeune âge au troisième fils de Charles VI. À l'époque, elle est encore loin de se douter qu'elle sera un jour reine de France. Si Charles paraît indécis et peu énergique, Marie fait montre d'une grande volonté. Elle pousse son époux à agir et lui donne en même temps de nombreux enfants. Mais sur les treize princes et princesses, plusieurs mourront en très bas âge. Marie suit avec intérêt l'aventure de Jeanne d'Arc et elle est aux côtés de son mari quand il fait son entrée dans la capitale du royaume.

Hélas, elle doit affronter un nouvel ennemi en la personne d'Agnès Sorel, la maîtresse du roi qui jouit de toutes les faveurs royales. La jeune femme donne plusieurs enfants au souverain et impose sa propre cour. Marie suit de moins en moins son époux et ne se sent pas de taille à lutter contre sa rivale. C'est au retour d'un pèlerinage que l'infortunée reine tombe malade et meurt en 1463.

Charlotte de Savoie (1445-1483)

Épouse de : Louis XI (en 1451)

La fille du duc Louis de Savoie avait été promise à Frédéric de Saxe avant de faire l'objet d'une négociation entre son père et le roi Charles VII. Peu importe si le dauphin Louis a vingt ans de plus que la fillette de huit ans qu'on lui destine, la politique a ses raisons que le cœur doit ignorer. Louis a déjà été marié à Marguerite d'Écosse, une union qui fut un bien triste mariage. Le jeune prince aime les femmes mais il semble peu les estimer.

En revanche, Louis comprend toutes les subtilités de la politique et des alliances matrimoniales. Il entend profiter de l'appui de la puissante maison de Savoie pour peser dans la lutte qui l'oppose à son père. Devenu roi, Louis s'emploie à pacifier, organiser et enrichir le royaume. Dans cette entreprise, il n'a que faire de la reine qu'il « abandonne » sur les bords de la Loire en ne l'associant pas le moins du monde à la marche des affaires. Le roi la respecte d'autant moins que Charlotte tarde à lui donner un héritier. C'est finalement chose faite en 1470 en la personne du petit prince Charles. La reine est pieuse et bonne, selon l'expression du temps. Elle dépense beaucoup en dons et charité. Néanmoins, Charlotte ne recueille pas les fruits de cette « bonne action ». Elle demeure dans l'ombre et caresse l'espoir d'une régence à la mort de son époux en 1483.

Louis XI réussit, même par-delà la mort, à rabaisser son épouse. Il lui refuse la régence qu'il confie à sa fille aînée, Anne de Beaujeu (celle qu'il qualifie de « moins folle de femme de France »). La reine meurt quelques mois plus tard, au château d'Amboise.

Anne de Bretagne (1476-1514)

Épouse de : Charles VIII l'Affable (en 1491)
Puis de Louis XII le Père du Peuple (en 1499)

Anne a connu un destin unique dans l'histoire de France en étant deux fois reine.

Fille du duc de Bretagne, la petite Anne est élevée dès son plus jeune âge pour succéder à son père. La Bretagne est indépendante et ne connaît pas la loi salique. La jeune fille bénéficie de la meilleure éducation et n'est pas éloignée des affaires comme le sont généralement les filles dans les familles de haute lignée. Le roi de France convoite la Bretagne et le duc songe à marier sa fille au fils aîné du roi d'Angleterre. Comme celui-ci se fait assassiner par son oncle, le duc François la destine ensuite à Maximilien d'Autriche. S'appuyant sur certains seigneurs bretons en révolte, la régente de France (Anne de Beaujeu, fille de Louis XI) lance ses troupes contre les villes bretonnes qui résistent avec plus ou moins d'efficacité. Le duc de Bretagne est contraint de signer un traité qui l'oblige à demander le consentement du roi de France pour marier ses filles. Peu de temps après, le duc meurt et Anne devient duchesse. Dotée d'un conseil de régence, elle donne rapidement toute la mesure de son savoir-faire en menant les affaires de son État. Elle se heurte aux seigneurs en révolte qu'elle tente de calmer en distribuant des pensions. Elle fait célébrer son mariage avec Maximilien par procuration et, selon la coutume, l'envoyé du prince met sa jambe nue dans le lit de la duchesse. Cette union défie le traité concédé par le défunt duc, et le roi de France en prend ombrage. La guerre reprend et Anne n'a pas les moyens de la mener avec quelque chance de la gagner. Elle doit donc se résoudre à l'impensable : accepter de prendre pour époux le roi de France Charles VIII. Un nouveau traité place la Bretagne en bien mauvaise position. Le duché reviendra au roi si la duchesse meurt sans enfant et, si c'est le roi qui meurt le premier, la duchesse s'engage à épouser le nouveau souverain de France. Il suffit d'une dispense papale pour annuler le mariage avec Maximilien, et Anne devient reine de France. En quatre années, Anne met au monde quatre enfants (trois garçons et une fille) qui meurent tous en très bas âge. Anne impose ses goûts à la cour où elle favorise l'épanouissement du luxe et des modes nouvelles. Les espérances et les épreuves rapprochent Anne et son époux. Elle s'attache à lui au point de craindre pour sa vie lorsqu'il se met en tête de se tailler un royaume à Naples. Mais ce n'est pas sur un champ de bataille que le destin attend Charles VIII. Un jour de 1498, il heurte un linteau en son château d'Amboise et meurt quelques heures plus tard. La branche directe des Valois s'est éteinte.

Anne est veuve à vingt-deux ans et elle paraît inconsolable. Mais elle n'a pas oublié sa chère Bretagne et songe aux intérêts de son duché. Les termes du contrat vont-ils être respectés ? Anne s'installe d'abord à Paris, puis elle se rend à Nantes où elle règne effectivement sur son duché. Pendant ce temps, l'homme qu'elle est censée épouser – le nouveau roi de France Louis XII – tente de se séparer de son épouse, Jeanne de France, fille de Louis XI. Le mariage est finalement annulé par le pape Alexandre Borgia. Un nouveau traité stipule que, si Anne meurt sans enfant, le roi jouira du duché pendant son vivant et le cédera aux héritiers d'Anne. Dès lors, plus rien n'empêche Anne de devenir pour la seconde fois reine de

France. En 1499, elle met au monde une petite fille prénommée Claude qui, cette fois, vivra. Louis XII poursuit la politique de son cousin Charles VIII en Italie et semble épris de son épouse. Celle-ci lui donne un fils qui meurt rapidement. Anne est bel et bien une femme de son époque et tient une cour brillante où trouvent asile les meilleurs artistes de son temps. Elle favorise aussi les femmes auxquelles elle confie des charges importantes et généralement réservées aux hommes. Hélas, ses maternités sont marquées par le destin, elle donne encore un fils mort-né au roi et puis une autre fille. Elle ne perd pas espoir de donner un héritier au royaume et au duché, mais elle tombe malade et meurt en 1514 au château de Blois. Son corps est enterré à Saint-Denis mais la légende de la duchesse deux fois reine de France vient de naître...

Jeanne de France (1464-1505)

Épouse de : Louis XII le Père du Peuple (en 1476)

Triste destin que celui de Jeanne de France qui fut pourtant une femme brillante et humaine. Fille de Louis XI et de Charlotte de Savoie, elle commence par décevoir son père qui espérait avoir un héritier. Pour ne rien arranger, la fillette est contrefaite et fragile. Louis la destine à un enfant, Louis d'Orléans, si bien que son destin paraît tout tracé dès sa plus petite enfance. Jeanne connaît une jeunesse solitaire et austère. Son père ne lui accorde guère d'attention, ne voyant en elle que l'enjeu d'un mariage peut-être destiné à nuire à une branche concurrente de la famille royale. On peut difficilement imaginer couple plus mal assorti que celui de Jeanne et Louis. La jeune fille bossue, pieuse et timide est confrontée à un jeune homme plutôt séduisant et déjà expérimenté au niveau sexuel. Jeanne aime son époux qui ne lui rend que quelques visites imposées par les convenances. À la mort de Louis XI, son époux s'oppose à la régente et est emprisonné. Jeanne prend faits et cause pour lui et réussit à le faire libérer. Peut-être Louis lui en sait-il gré, toujours est-il qu'il se rapproche d'elle pendant quelque temps. Il va jusqu'à l'inviter à l'accompagner lors de ses voyages. Mais le naturel revient vite, il s'éloigne de Jeanne et reprend ses complots. À la mort inopinée de Charles VIII, Louis ne perd pas de temps. Il se fait sacrer à Reims et tient soigneusement Jeanne à l'écart. Il sait qu'il doit se séparer de son épouse pour pouvoir convoler en justes noces avec Anne de Bretagne. Un tribunal ecclésiastique doit être mis sur pied pour prononcer l'annulation du mariage. Jeanne a beau être habituée aux affronts depuis son plus jeune âge, le coup est particulièrement rude. Avec courage, Jeanne tente de faire valoir son droit en expliquant qu'elle a bien eu des relations avec son époux. Néanmoins, le tribunal conclut à la stérilité de la reine et Louis l'abandonne sans regret pour prendre une nouvelle épouse. Commence alors un nouvel exil pour la pieuse Jeanne qui trouve un sens à sa vie en fondant un ordre. Elle meurt en 1505, âgée de quarante ans. Son époux a une attention tardive à son égard en lui organisant de fastueuses funérailles. L'infortunée fille et femme de roi connut même l'affront *post mortem*. Lors des guerres de Religion, son corps fut exhumé et brûlé en place publique en 1562. Jeanne sera canonisée par Pie XII en 1950.

Marie d'Angleterre (1496-1533)

Épouse de : Louis XII le Père du Peuple (en 1514)

La sœur d'Henri VIII d'Angleterre est une belle et charmante jeune fille. Marie est amoureuse d'un membre de la cour, mais on ne prête pas grand intérêt aux élans de son cœur. Un prestigieux candidat l'attend de l'autre côté de la Manche en la personne du roi de France Louis XII. Marie est profondément malheureuse en découvrant son époux, prématurément vieilli (il a trente-quatre ans de plus qu'elle !). Le dégoût qu'il lui inspire ne l'empêche probablement pas de remplir son devoir conjugal mais elle n'a pas le temps de lui donner un héritier. Le roi meurt après moins de cent jours de mariage. La jeune veuve n'est plus d'une très grande utilité en France. Elle plaide sa cause auprès de son frère et est finalement autorisée à rentrer en Angleterre pour y épouser le duc du Suffolk qu'elle a toujours aimé et auquel elle donnera deux filles. Elle meurt à Westhorpe en Angleterre en 1533.

Claude de France (1499-1524)

Épouse de : François Ier (en 1514)

Dès son enfance, Claude fait l'objet d'une âpre lutte matrimoniale menée par ses parents. Anne de Bretagne, sa mère, la destine au futur Charles-Quint tandis que son père Louis XII préfère la fiancer au duc d'Angoulême François, son cousin germain. Anne s'oppose à cette union et Louis XII attend la mort de son épouse pour concrétiser le mariage en 1514.

Claude est cultivée mais desservie par un physique ingrat. Le jeune François est amateur de belles femmes et n'attache pas grand intérêt à son épouse. À la mort de Louis XII, on va jusqu'à dire que François n'était pas insensible au charme de la dernière femme du roi défunt, la jeune Marie d'Angleterre. C'est peu de dire que François juge Claude peu avenante. Le jeune homme est aguerri aux choses de l'amour tandis que la fille de Louis XII est un exemple de vertu et d'innocence. Louise de Savoie, la mère de François, met bon ordre dans cette confusion sentimentale en rappelant son fils à l'ordre. Une répudiation de Claude reviendrait à perdre la Bretagne et d'autres terres qui ont été rattachées à la couronne de France.

Si la position de Claude paraît sauvée, les vexations n'en finissent pas pour autant. François Ier est sacré en 1515 alors qu'elle doit attendre jusqu'en 1517, après la naissance de son premier fils, le jeune François. Claude joue son rôle de mère en donnant au roi sept enfants en sept ans. Elle n'est pas associée au pouvoir, qui est confié à la puissante Louise de Savoie quand le roi est absent. Rusé, François Ier réussit à se faire léguer le duché de Bretagne et à garantir son rattachement perpétuel à la couronne de France. Peut-être subit-elle le contrecoup de toutes ces maternités, toujours est-il que la pauvre

Claude succombe à Blois en 1524. Elle n'est âgée que de vingt-cinq ans. François Ier la pleure, mais il n'assiste même pas à ses obsèques.

Éléonore de Habsbourg (1498-1558)

Épouse de : François Ier (en 1530)

Descendante de l'empereur Maximilien Ier, Éléonore connaît une enfance tragique (un père mort prématurément et une mère qui sombre dans la folie). Sœur de l'ambitieux Charles-Quint, elle jouit d'une grande beauté mise en valeur par une longue chevelure blonde et devient rapidement l'enjeu d'une subtile négociation matrimoniale. Le prince palatin Frédéric II la convoite, mais son frère ne veut pas entendre parler de ce mariage. Elle épouse donc le roi du Portugal Manuel le Fortuné en dépit de la grande différence d'âge et des disgrâces physiques du monarque. Elle lui donne deux enfants, puis le roi meurt. Devenue veuve, Éléonore rentre à la cour de son frère. Frédéric II n'a pas perdu espoir de conquérir Éléonore, mais Charles-Quint ne veut toujours pas en entendre parler. Il la fiance cette fois au connétable de Bourbon mais une autre idée germe bientôt dans son esprit. Ayant réussi à faire prisonnier François Ier devant Pavie, le souverain espagnol imagine d'unir sa sœur au roi de France veuf depuis peu. À l'issue de nombreuses péripéties, le mariage est finalement célébré en 1531. Éléonore a beau présenter d'autres atouts que l'infortunée reine Claude, elle n'évite pas pour autant les affronts. Elle doit supporter la présence de la maîtresse de son mari à son mariage et admettre le pouvoir de sa belle-mère, la puissante Louise de Savoie.

En réalité, elle ne réussit pas à trouver sa place dans une cour qui la considère comme une ennemie en sa qualité de sœur du principal adversaire du roi. Éléonore voyage pour tromper son ennui et se retrouve veuve pour la deuxième fois à la mort du roi en 1547. Dès lors, son établissement en terre de France devient de plus en plus délicat. Elle quitte le royaume pour rejoindre les Pays-Bas, puis l'Espagne où elle finit ses jours loin des rêves de gloire qui avaient accompagné sa jeunesse. Elle meurt en 1558, la même année que son frère, le puissant Charles-Quint.

Catherine de Médicis

(1519-1589)

Épouse de : Henri II (en 1533)

Celle qui deviendra l'une des plus puissantes reines de l'histoire de France naît dans le somptueux palais florentin de sa famille. Fille de Laurent II, un des seigneurs les plus riches d'Europe, la jeune Catherine connaît les fastes de la Rome pontificale où ses oncles s'installent sur le trône de Pierre. Elle subit les effets de la guerre et doit fuir face aux troupes de Charles-Quint qui mettent à sac la ville éternelle en 1527. Il s'agit dès lors de trouver une alliance apte à contrebalancer l'équilibre politique du temps. On décide donc de l'unir au deuxième fils de François Ier, le prince Henri. Le mariage fait l'objet d'une débauche de luxe à laquelle la jeune Catherine est accoutumée depuis son plus jeune âge. La jeune femme découvre son époux, un jeune homme assez effacé et sous la coupe de sa maîtresse, l'impérieuse Diane de Poitiers.

Le caractère de Catherine tranche avec celui de son époux. Cultivée mais superstitieuse, la princesse s'entoure d'astrologues qui lui promettent un glorieux destin. La mort du dauphin François fait d'elle une dauphine inattendue. Il n'en faut pas plus pour faire naître la réputation d'empoisonneuse florentine qui va l'accompagner toute la vie. Catherine est appréciée par François Ier et incarne cet âge de la Renaissance où s'épanouissent les arts et une nouvelle façon de vivre. Elle vit mal la présence de Diane de Poitiers, sa rivale, à laquelle Henri reste très attaché. Pour ne rien arranger, elle ne réussit pas à donner d'enfant au prince, et certains parlent déjà de répudiation. Il semble qu'une simple opération pratiquée sur Henri résolve le problème. Dès lors, Catherine donne dix enfants à son époux dont sept survivront et trois deviendront rois de France !

En 1547, Catherine devient reine au moment où la situation politique du royaume se complique. Des mesures répressives sont prises contre les protestants et la guerre contre Charles-Quint reprend. Petit à petit, Catherine acquiert davantage de pouvoir. Le destin bascule en 1559 lorsque le roi Henri II est blessé par son capitaine des gardes écossaises, Montgomery, à l'occasion d'un tournoi organisé en l'honneur des épousailles de sa sœur. Le souverain meurt quelques jours plus tard. Catherine a certes perdu son époux, mais elle n'entend pas perdre le contrôle des événements. Elle chasse son éternelle rivale Diane de la cour et assiste son fils aîné François qui devient roi sous le nom de François II. Hélas, la santé du jeune roi est précaire et son règne, éphémère. C'est à la mort du frêle monarque que Catherine prend vraiment le pouvoir. Le nouveau roi Charles IX n'a que dix ans lorsqu'il monte sur le trône et la reine obtient la régence. Catherine tente des initiatives pour apaiser l'opposition des camps catholique et huguenot. Elle marie sa fille Margot au protestant Henri de Navarre et surveille de près son fils Charles IX qu'elle sait inconstant. Par jeu politique, elle entretient et calme en même temps les conflits que se livrent ses enfants, notamment son fils François d'Alençon. Face à l'exacerbation des haines, Catherine change de politique et accepte l'idée de se débarrasser de quelques meneurs huguenots devenus trop encombrants. C'est le fameux épisode de la Saint-Barthélemy qui provoque un terrible massacre. Charles IX craint d'avoir été trop loin tandis que Catherine garde la tête froide ; elle n'est pas femme à regretter ses décisions, fussent-elles sanglantes. Elle fait élire son fils préféré Henri roi de Pologne et signe un traité pour apaiser le conflit avec les huguenots. En 1574, Charles IX expire, ravagé par les remords et le poids de ses incertitudes. Catherine rappelle immédiatement Henri, qui quitte la Pologne pour monter sur le trône de France sous le nom d'Henri III.

Catherine est infatigable. Elle poursuit son action politique en tentant de réunir autour de la Couronne les tenants des deux religions. Elle entreprend un grand voyage à travers la France et poursuit son action de mécène. La mort de François d'Alençon la plonge dans une peine profonde à laquelle s'ajoute l'angoisse de voir son fils préféré, le roi Henri III, ne pas avoir d'enfants. Si celui-ci venait à ne pas avoir d'héritiers, la couronne irait à Henri de Navarre, un hérétique... Pragmatique, Catherine estime que le huguenot sera contraint de se convertir au catholicisme. Ses dernières années sont obscurcies par la montée en puissance du chef de la ligue, Henri de Guise, qui oblige le roi et sa mère à se réfugier à Blois. Elle tombe malade et apprend que son fils a fait assassiner le très populaire duc de Guise. Elle ne lui survit que quelques jours et meurt au début du mois de janvier 1589. Le destin lui évite de connaître l'assassinat de son fils tant choyé. Catherine est inhumée à Saint-Denis mais après l'accession au trône de l'hérétique prince de Navarre converti au catholicisme, comme elle l'avait prédit.

Marie Stuart (1542-1587)

Épouse de : François II (en 1558)

La petite princesse Marie est la fille de Jacques V, roi d'Écosse, qui meurt quelques jours après sa naissance. La voilà donc reine d'Écosse alors qu'elle n'est encore qu'un bébé. C'est le début d'un formidable et tragique destin qui va la conduire de manière éphémère sur le trône de France. Sa mère Marie de Guise la fiance au dauphin de France alors que les enfants n'ont encore que six ans. La petite Marie bénéficie de la meilleure éducation et s'intéresse très jeune aux arts. En revanche, elle ne s'éprend pas de son époux maladif et loin d'être séduisant. Marie est fière et coquette. Consciente de son rang, elle se montre impétueuse et accepte mal d'être contredite. À la mort inopinée d'Henri II, François II monte sur le trône et Marie devient reine de France. Le règne sera court puisque le jeune roi meurt dès 1560. Entre-temps, la mère de Marie est morte et la jeune reine est seule maîtresse du royaume d'Écosse. Elle revient dans son pays à l'âge de vingt ans. Son manque de sens politique et ses tâtonnements sentimentaux la pousseront à chercher refuge auprès de sa cousine Élisabeth Ire, reine d'Angleterre. Marie s'est jetée dans la gueule du loup et, au terme d'une longue captivité, elle est décapitée en 1587. À cette époque, la France l'a déjà oubliée depuis longtemps.

Élisabeth d'Autriche

(1554-1592)

Épouse de : Charles IX (en 1570)

Fille de l'empereur Maximilien II, Élisabeth apparaît comme le meilleur parti aux yeux de Catherine de Médicis. D'autre part, les Habsbourg font figure de dynastie catholique par excellence en Europe et l'union n'en paraît dès lors que plus légitime à ses yeux.

Élisabeth est donc unie au roi Charles IX, âgé de vingt ans. Le souverain n'est guère séduisant et souffre d'un caractère instable. Élisabeth constate vite que le véritable maître du royaume de France n'est autre que Catherine de Médicis, qui tient son faible fils sous sa coupe. Élisabeth ne comprend pas grand-chose à la vie de la cour. La reine goûte peu les fêtes auxquelles elle préfère les travaux d'aiguilles et la pratique de la religion. Elle condamne fermement les huguenots et n'apprécie pas la ronde des fêtes incessantes. Elle ne parle pas le français et ne réussit qu'à donner une fille au roi. Son « règne » ne dure que quatre années et elle se retrouve veuve à la mort de Charles IX en 1574. Son chagrin est immense et touche ses contemporains

Elle regagne alors l'Autriche où elle refuse le nouveau mariage qui lui est proposé. Toujours très religieuse, Élisabeth préfère se retirer et se livrer à la prière. Elle meurt en 1592 et est inhumée à Vienne.

Louise de Lorraine-Vaudémont

(1553-1601)

Épouse de : Henri III (en 1575)

Fait rare dans l'histoire de France, le mariage de Louise n'est pas dû à un calcul dynastique. Alors qu'il se rend en Pologne pour y coiffer la couronne royale, Henri fait la connaissance de cette jeune aristocrate (fille de Nicolas de Lorraine-Vaudémont) dont il s'entiche. À la mort de Marie de Clèves – la femme qu'il aime réellement – Henri est devenu entre-temps roi de France et décide d'épouser la douce Louise. D'humeur changeante, Henri III tient son épouse à l'écart de la marche des affaires du royaume. Le pouvoir de Catherine de Médicis ne laisse de toute façon guère de place à une autre femme à la cour. Louise ne réussit pas à donner d'héritier au souverain qui, malgré ses nombreux écarts, ne délaisse pas sa femme. Des sentiments de jalousie naissent de part et d'autre puisque Henri redoute aussi que l'on s'approche de son épouse. Les souverains accomplissent de nombreux pèlerinages pour stimuler la fertilité de Louise mais sans succès. La reine assiste aux événements tragiques de la fin de la vie de Catherine et bientôt à celle du règne de son mari. Après l'assassinat d'Henri III, elle s'établit à Chenonceaux avant de se retirer dans un couvent de Moulins où elle se consacre à la prière pendant une dizaine d'années.

Elle s'éteint en 1601, dans la discrétion et l'oubli propres aux dernières reines Valois.

LES BOURBONS-ORLÉANS

Les numéros indiquent l'ordre des mariages

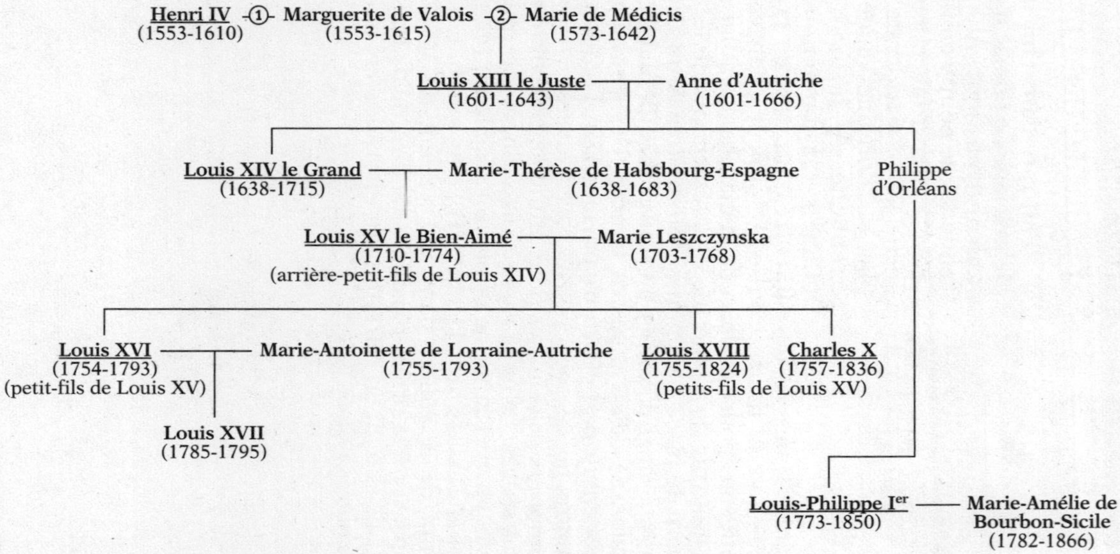

Les Bourbons

La dynastie des Bourbons accède au pouvoir dans le contexte très troublé des guerres de Religion. Pour la première fois, un prince protestant est appelé sur le trône. Henri de Navarre est le fils d'Antoine de Bourbon qui est lui-même issu en huitième génération de Robert, comte de Clermont, le fils de Louis IX.

Les Bourbons et la branche Orléans vont régner en France de 1589 à 1848, hormis l'intermède révolutionnaire et impérial entre 1792 et 1814. Les monarques vont concrétiser l'idéal d'absolutisme déjà mis en place par leurs prédécesseurs et ils ne sauront pas voir venir les prémices de la révolution. Les reines seront l'objet de nombreuses critiques et d'attaques violentes. Certaines seront choisies pour les alliances diplomatiques qu'elles garantissent, d'autres pour leur importance économique.

La branche française des Bourbons s'éteindra avec la mort du comte de Chambord en 1883. La dynastie se maintiendra cependant au pouvoir ailleurs, notamment en Espagne où elle sera instituée par Louis XIV à travers son fils Philippe V et se maintiendra sur le trône jusqu'à aujourd'hui.

Marguerite de Valois

(1553-1615)

Épouse de : Henri IV (en 1572)

Dès son plus jeune âge, Marguerite de Valois connaît le luxe propre à la cour de ses parents Henri II et Catherine de Médicis. Elle est surnommée Margot et fait l'objet de toutes les attentions. Elle apprend bien sûr les langues mais elle s'intéresse aussi aux sciences, ce qui n'est pas courant pour une princesse de l'époque. Très préoccupée par sa beauté, elle a tendance à se laisser guider par ses sens et manque de jugement dans ses actes. On murmure qu'elle est initiée très jeune aux jeux de l'amour. Catherine de Médicis est préoccupée par l'évolution de sa fille et s'attache à lui trouver un parti digne de ce nom.

La frivole Margot est encore loin de s'imaginer que sa mère veut en faire l'instrument d'une réconciliation entre les religions du royaume. Malgré tous les dangers qui pèsent sur cette union « contre nature », le mariage de Marguerite et d'Henri de Navarre (de confession protestante) est célébré en 1572. Comme de coutume à la cour des Valois, les fêtes sont brillantes et comblent Margot par leur démesure. Henri est contraint d'abjurer et demeure trois ans au Louvre où il se sent prisonnier. Pendant que le prince trompe son ennui en satisfaisant son goût pour la chair, Margot fait de même en se prenant de passion pour les grands comme les humbles. Ses frasques gênent la cour, mais on lui pardonne beaucoup. De son côté, Henri finit par fuir. Il revient à la foi protestante et lutte contre la famille de sa propre femme. Chacun des époux mène librement sa vie faite de rencontres. Si la chose n'étonne guère pour un homme, elle choque beaucoup plus pour une femme et Margot acquiert une réputation sulfureuse. Henri décide de l'établir dans la forteresse d'Usson qui ressemble davantage à une prison qu'à une résidence. La mort de son frère Henri III bouleverse son destin. À condition d'abjurer et d'embrasser la foi catholique, Henri de Navarre devient roi de France. Devenu Henri IV, le monarque se préoccupe d'assurer sa descendance et reproche à Margot de ne pas lui avoir donné d'enfants. On prétend que ses débordements l'ont rendue stérile, mais Margot n'entend pas se laisser faire.

La « reine » demeure à Usson où elle se livre aux jeux, à la lecture et à la fréquentation assidue de ses amants. À la mort de Gabrielle d'Estrées, elle finit par consentir à l'annulation du mariage. C'est chose faite en 1599 et la voie est désormais libre pour Henri IV qui veut épouser Marie de Médicis. Le roi hésite à la laisser revenir à Paris, mais Margot aime trop la vie de fêtes pour demeurer longtemps encore dans sa forteresse. Elle revient en 1605 en Île-de-France et participe à la vie de la cour. Occupant une place inédite dans l'histoire des reines de France, elle a le temps d'assister à l'assassinat de son époux, à la régence de Marie de Médicis et au début du règne de Louis XIII. Elle meurt en 1615 à l'âge de soixante-deux ans, sans avoir jamais quitté la vie de la cour et ses fêtes brillantes qu'elle affectionnait tant.

Marie de Médicis (1573-1642)

Épouse de : Henri IV (en 1600)

La fille du grand-duc François-Marie Ier de Toscane en veut dès son enfance à son père d'avoir refait sa vie avec une nouvelle épouse et délaissé ses enfants. Marie est ambitieuse et se sent taillée pour un grand destin d'autant plus que certains membres de son entourage ne cessent de le lui rappeler. Parmi ses proches, une certaine Léonora Caligaï possède un grand ascendant sur la jeune fille. Obstinée, Marie refuse les partis qu'on lui propose. Elle les juge trop modestes à ses yeux. Marie est une assez belle jeune femme, dotée d'un teint pâle à la mode de l'époque et de beaux cheveux blonds. Survient alors l'épisode de la négociation de l'importante dette de la cour de France envers les Médicis. De l'argent à la politique, il n'y a qu'un pas et de la politique à l'amour, il ne faut guère s'encombrer de scrupules. Le principe d'une union du roi de France avec Marie est rapidement acquis. La jeune femme accepte la perspective d'un fastueux mariage et son arrivée en France (immortalisée par une suite de toiles signée Rubens) en 1600 ne la déçoit pas. À vingt-huit ans, elle donne un premier fils au roi, suivi de cinq autres enfants. Marie se plaît dans son rôle de reine, même s'il lui faut supporter un voisinage gênant avec les maîtresses et les bâtards du souverain. Marie sait qu'il faut composer pour conserver sa place et tente de donner le change. Le plus difficile pour la reine est de faire face aux quolibets de certaines dames de haut lignage qui ne voient en elle qu'une grosse banquière de Florence. La mésentente entre les époux croît au fil des années mais Marie réussit à ne pas se faire chasser de la cour. Elle œuvre à la domination du catholicisme et se lance dans de folles dépenses afin d'assouvir sa passion pour les belles toilettes et les bijoux de valeur. En 1610, elle réussit enfin à se faire couronner. Le lendemain de la cérémonie, le roi est assassiné par Ravaillac. Le parlement lui confie la régence. Le nouveau roi n'a encore que neuf ans et sa mère n'a rien du génie politique d'autres régentes comme Catherine de Médicis ou Blanche de Castille. On lui reproche pêle-mêle son entourage, le fait d'être une étrangère, son goût du luxe, sa paresse et son manque de tolérance religieuse. Elle poursuit néanmoins sa politique en célébrant la majorité de son fils, réunissant les états généraux et unissant le roi à Anne d'Autriche. Maladroite, elle sous-estime son fils qu'elle ne juge pas digne de régner. Petit à petit, Marie assiste à la déliquescence de son pouvoir. Ses protégés Concini et Caligaï sont éliminés sans que Marie puisse rien faire pour eux. De son côté, Louis XIII laisse le pouvoir à son favori et Marie se retrouve reléguée au château de Blois. C'est le début d'un long conflit qui oppose la mère et le fils. Parfois, ils semblent se rapprocher, mais c'est chaque fois pour mieux s'affronter par la suite. Louis XIII s'appuie sur le cardinal de Richelieu qui éloigne l'intrigante de la cour. Marie connaît dès lors une vie d'errance et de difficultés financières qui la mène de Bruxelles en Angleterre en passant par la Hollande. Marie caresse l'espoir de rentrer en France, mais Louis XIII préfère la voir retourner à Florence. C'est finalement à Cologne qu'elle achève sa route. Elle tombe malade et meurt en 1642. Elle est inhumée à Saint-Denis. Son fils, auquel elle s'était tellement opposée, meurt quelques semaines plus tard.

Anne d'Autriche (1601-1666)

Épouse de : Louis XIII le Juste (en 1615)

Fille du roi Philippe III d'Espagne et de l'archiduchesse Marguerite d'Autriche, Anne reçoit une stricte éducation chrétienne propre aux Habsbourg. À l'instigation de Marie de Médicis, un double mariage est décidé. Élisabeth (sœur de Louis XIII) épouse le futur roi d'Espagne pendant que Louis XIII convole avec Anne. À quatorze ans, Anne quitte donc son pays, accompagnée d'une suite espagnole. La reine n'est pas d'une grande beauté mais on la dit coquette, fière, délicate et parfois indolente. D'emblée, Louis XIII n'est pas séduit par son épouse. Le roi n'est guère attiré par les femmes et l'entourage espagnol de la reine l'insupporte.

Il faut attendre plusieurs années pour que le mariage soit consommé et, quand cela finit par être le cas, la reine ne réussit pas à donner d'enfant viable au roi. Sa position à la cour est peu attrayante d'autant plus qu'elle ne peut guère prétendre à un quelconque pouvoir. Le roi préfère accorder sa confiance à son favori Luynes avant de laisser les rênes du gouvernement au cardinal de Richelieu. Pour ne rien arranger, l'affaire Buckingham porte un coup fatal à la réputation de la reine jusque-là privée d'amour. En 1625, on apprend que l'Anglais a offert des ferrets de diamants à la souveraine. On soupçonne le sentiment qui lie la reine à l'officier d'être plus que de l'amitié. Pendant ce temps, le roi se trouve de nouveaux favoris, mais c'est la reine qui est au cœur de la réprobation générale. Richelieu, qui concentre de nombreux pouvoirs, est le premier à vouloir sa chute. Le cardinal apparaît comme l'allié des Protestants alors que la reine incarne le camp catholique défendu par les Habsbourg. Anne est soupçonnée d'avoir transmis des renseignements secrets, et sa position à la cour paraît de plus en plus intenable. C'est à ce moment-là que survient l'incroyable nouvelle : Anne est enceinte des œuvres du roi. Elle met au monde un fils après vingt-trois ans de mariage. Certes cette maternité ne la fait pas complètement rentrer en grâce d'autant plus que le roi a succombé au charme d'un nouveau favori. Anne réussit néanmoins à donner un autre héritier à la couronne, le prince

Philippe. C'est la mort qui va sceller le destin d'Anne. D'abord celle de Richelieu puis celle de son époux. Elle fait casser le testament de Louis XIII et obtient le pouvoir. Contre toute attente, elle le confie aussitôt à Mazarin qui fut un proche de Richelieu. Une fois encore commencent les rumeurs. Cette fois, elles l'accusent d'avoir succombé au charme de l'Italien. Une chose est sûre, leur proximité ne va plus se démentir. La reine prend le parti de la France dans la guerre contre l'Autriche mais elle doit faire face à la fronde du parlement qui l'oblige à fuir la capitale. Le mécontentement lié aux impôts levés pour financer les guerres est à la base de cette révolte. Mazarin en est réduit à l'exil et retrouve sa place à la cour en 1653. Sept ans plus tard, Anne assiste à l'union de son fils Louis XIV avec l'infante Marie-Thérèse d'Espagne. Mazarin meurt en 1661 et Louis XIV prend le pouvoir. Anne se retire pour se consacrer à la prière et aux bonnes œuvres. Suite à une longue et douloureuse maladie, elle s'éteint en 1666, au terme d'une existence riche en moments de gloire et en revers de fortune. Il n'en reste pas moins qu'Anne d'Autriche fut une des souveraines à avoir exercé la plus grande influence sur la gestion des affaires de la couronne, notamment pendant la Fronde.

Marie-Thérèse de Habsbourg-Espagne

(1638-1683)

Épouse de : Louis XIV le Grand (en 1660)

Fille du roi d'Espagne Philippe IV et d'Élisabeth de Bourbon, Marie-Thérèse connaît la stricte éducation d'une jeune princesse à la cour de Madrid. Son mariage avec Louis XIV est placé sous le signe de la réconciliation franco-espagnole. Entre les époux, la passion n'est pas partagée. Louis juge son épouse peu séduisante et on raconte qu'il aurait même pâli en la découvrant. Néanmoins, le roi accomplit son devoir conjugal tandis que la reine est sincèrement éprise de son mari. C'est le début d'une longue union placée sous le signe de la divergence des sentiments. À la différence de son père, Louis XIV exerce la régence et, contrairement à Anne d'Autriche, la reine n'occupe aucune place sur l'échiquier du pouvoir. Marie-Thérèse donne un premier fils (Louis, le Grand Dauphin) au roi. Suivent cinq enfants qui meurent tous en bas âge. Ces deuils éprouvent durement la reine qui doit aussi affronter les multiples favorites de son époux. La concurrence ne s'effectue pas seulement dans la couche royale, son cœur de mère saigne aussi de devoir supporter la présence des bâtards du roi qui paraissent eux en bonne santé. Après l'affaire des poisons, la reine fait la connaissance de madame de Maintenon, celle qui deviendra la deuxième épouse du roi. La reine est malheureuse et trouve un certain réconfort dans l'exercice de la religion et de la charité. Celle que l'on présente comme la souveraine la plus trompée d'Europe tente de conserver sa place à la cour. Soucieux des apparences, Louis XIV veille à ce qu'on la respecte. Marie-Thérèse poursuit son existence de reine délaissée et expire à l'âge de quarante-cinq ans en 1683. Louis XIV prononce une phrase qui entre dans l'histoire : « C'est le premier chagrin qu'elle me cause... » Pour être élégante, la formule illustre en même temps le manque d'intérêt du Roi-Soleil pour son épouse.

Le souverain se remarie avec madame de Maintenon, mais l'union est gardée secrète et l'ex-veuve Scarron ne sera jamais reine.

Marie Leszczynska (1703-1768)

Épouse de : Louis XV (en 1725)

La discrète Marie Leszczynska apparaît comme l'une des souveraines les plus atypiques de l'histoire de France. Fille du roi élu de Pologne Stanislas, elle y passe son enfance et reçoit une excellente éducation. Lorsque son père est détrôné, elle quitte le pays pour connaître l'exil et gagner un trône.

À l'époque, Louis XV a quinze ans et il est fiancé à l'infante d'Espagne qui n'a que cinq ans. Les ministres sont préoccupés de donner un héritier à la couronne et cherchent une autre candidate qui serait en âge de procréer et docile. Dès lors, la fille de l'ex-roi de Pologne fait figure de fiancée idéale. Elle ne constitue pas un parti prestigieux, mais elle n'indispose personne et possède des atouts qui correspondent aux exigences de l'heure. Dotée d'un physique agréable, Marie n'est pas ce que l'on appelle une belle femme. Elle est discrète, religieuse sans être bigote. En 1725, Louis XV épouse donc une jeune fille de sept ans son aînée. Fidèle à sa réputation, le roi l'honore avec fougue et les chroniqueurs n'ont pas tari d'éloges sur les élans de la nuit de noces. Marie découvre la vie de la cour de Versailles qui tranche avec l'austère cour de Varsovie. Hélas, les appuis qu'elle trouve dans cet univers compliqué et souvent dangereux tombent en disgrâce. Elle fait dès lors l'objet d'une perte de faveur de la part de son époux. Heureusement, Marie est féconde. Elle donne des jumelles au roi, puis une autre fille et ensuite deux garçons dont le second mourra en bas âge. Cinq autres filles viendront compléter ce tableau familial.

Louis XV tente de replacer son beau-père sur le trône de Pologne mais c'est finalement la Lorraine qui lui sera cédée. À la mort du célèbre roi Stanislas, la Lorraine reviendra au roi et donc, à la France. Le roi se lasse vite de cette épouse trop sage et trop âgée. Il prend de nombreuses maîtresses dont certaines occupent une place importante à la cour. C'est notamment le cas de la marquise de Pompadour qu'elle n'apprécie guère. Marie n'a pas voix au chapitre en ce qui concerne les affaires de l'État. Délaissée par son époux, elle se contente d'obéir aux règles du protocole, de paraître lorsque cela est nécessaire et de prier pour implorer la clémence de Dieu. La reine s'occupe de ses enfants qu'elle adore, même s'il lui arrive de corriger le dauphin. Elle inculque à ses filles des valeurs qui lui sont chères comme la modestie et la charité. Quand elle meurt en 1768, elle est âgée de soixante-cinq ans. À l'époque, Louis XV commence une nouvelle relation avec la comtesse du Barry. Marie Lezczynska fut peut-être la plus mélancolique de toutes les reines de France, elle fut en tout cas une des plus malheureuses.

Marie-Antoinette de Lorraine-Autriche

(1755-1793)

Épouse de : Louis XVI (en 1770)

Que n'a-t-on pas écrit au sujet de Marie-Antoinette. Reine martyre ? Reine coupable ? Le destin de la fille de la puissante impératrice Marie-Thérèse d'Autriche oscille entre la gloire, les désillusions et le drame. Effacée devant une mère intransigeante, Marie-Antoinette est fière de l'union qu'on lui prépare. L'Autriche reste très impopulaire en France, mais la cour décide d'un rapprochement diplomatique en procédant, comme de coutume, à un mariage arrangé. La jeune Marie-Antoinette est charmante, espiègle et peu douée pour les études. Elle aime jouer, se révèle rapidement coquette et connaît une enfance relativement libre. Louis est un adolescent un peu enrobé, mal à l'aise et porté sur les activités manuelles. La politique l'intéresse peu mais, depuis Louis XIV, un monarque en terre de France se doit de diriger les affaires de l'État. La princesse arrive à Versailles, débarrassée de ses effets autrichiens et fascinée par le train de vie de la cour la plus fastueuse d'Europe. Pendant sept ans, l'union des jeunes époux n'est pas consommée et même les conseils avisés de Marie-Thérèse n'y changent rien. Le roi ne semble guère porté sur les choses de la chair et Marie-Antoinette, sevrée d'affection, se console en participant aux bals de la cour. En 1774 disparaît Louis XV, et le jeune couple monte sur le trône. Marie-Antoinette n'a que dix-neuf ans.

La situation politique et économique de la France est délicate et les nouveaux souverains ne sont pas prêts à les affronter.

Le roi, qui souffre d'une infirmité physique, se laisse convaincre par Joseph II qui le pousse à se faire opérer. Dès lors, Marie-Antoinette peut enfin accomplir son devoir de reine et donner des enfants à la dynastie. Il y aura d'abord une fille, ensuite une fausse couche puis deux fils et une autre fille. Louis XVI est un père heureux et un mari compréhensif qui cherche à combler son épouse. De cette manière, il encourage les penchants indolents et dépensiers de la reine. Des voix commencent à s'élever pour condamner son goût du luxe dans une conjoncture aussi difficile pour le royaume. Naïve, Marie-Antoinette ne comprend pas toujours où sont ses ennemis. Elle a aussi oublié qu'elle porte la terrible tare d'être une étrangère, qui plus est une Autrichienne, donc une ennemie héréditaire de la France. L'affaire du collier qui commence en 1785 accroît encore le ressentiment à l'égard de la reine. Marie-Antoinette fait l'objet d'une cabale mais elle y répond mal. Elle réussit à se mettre à dos en même temps le peuple et la noblesse. Comme la France connaît une situation financière catastrophique, l'affaire n'en acquiert qu'un retentissement supplémentaire. Bientôt, la reine incarne toute l'animosité contre la monarchie. Consciente des critiques, Marie-Antoinette tente de modifier son mode de vie mais le mal est fait. Pour ne rien arranger, cette excellente mère assiste avec désespoir à la mort de son fils aîné, le dauphin Louis.

C'est à cette époque que s'ouvrent les états généraux, que survient la prise de la Bastille et que bientôt éclate la Révolution.

La famille royale est contrainte de quitter Versailles pour regagner Paris et s'établir aux Tuileries. Un siècle plus tôt, Louis XIV avait voulu éloigner la monarchie de la capitale pour la protéger. Elle se retrouve à présent prise au piège. Tandis que Louis XVI tente de sauver son trône, Marie-Antoinette demeure inflexible, attachée au principe de la monarchie absolue. Avec l'aide du comte de Fersen dans lequel la rumeur publique voit son amant, elle favorise la fuite de la famille royale. L'arrestation de Varennes signera la fin de l'ultime rêve de liberté de la reine. Dès lors, elle alterne maladresses, actes de courage, dignité et trahisons. Reine de France, elle n'en est pas moins fille d'Autriche et représentante du principe monarchique que combattent certains de ses compatriotes. La notion de trahison se révèle intimement liée à cette situation. Quand la France déclare la guerre à l'Autriche, elle souffre jusque dans sa chair de la tournure que prennent les événements. Au mois d'août, la famille royale est enfermée au Temple et la monarchie est abolie. Ce n'est que le début d'un long chemin de croix qui va conduire Marie-Antoinette à l'échafaud. En dépit de toutes ces maladresses, elle doit subir les pires avanies et calomnies. Abandonnée de tous, elle assiste à la mort de son époux. La « veuve Capet » va devoir se défendre mais son sort est scellé. Plus que tout, elle souffre de devoir abandonner ses enfants. Il ne lui reste plus qu'à puiser le courage nécessaire pour mourir avec dignité. C'est en 1793 qu'elle est exécutée face à une foule de plusieurs milliers de personnes. Avec elle, meurt la dernière reine « absolue » de la monarchie française.

LES BOURBONS-ORLÉANS

Les numéros indiquent l'ordre des mariages

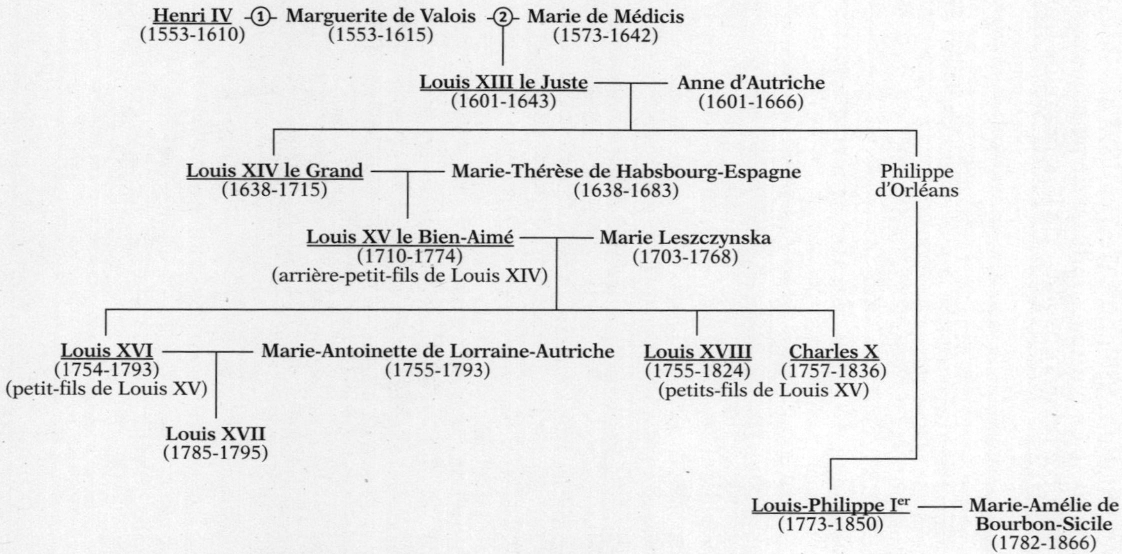

Les Orléans

La dynastie qui monte sur le trône en juillet 1830 opère une rupture profonde avec celles qui l'ont précédée. Née d'une révolution populaire, elle représente la troisième et la plus aboutie des tentatives d'instaurer une monarchie parlementaire en France. Depuis longtemps, les Orléans apparaissaient comme la branche maudite de la famille. On leur reprochait notamment leur mode de vie, leur ouverture aux idées libérales et surtout d'avoir voté la mort de Louis XVI.

Injustement décriée, la Monarchie de Juillet a pourtant accompagné les évolutions les plus notables de la société française de la fin de la première moitié du XIXe siècle. C'est l'époque où s'annonce la révolution industrielle et où s'affirme le pouvoir économique. La notion de progrès s'ancre durablement dans la hiérarchie des valeurs et le mode de vie à la bourgeoise s'impose comme l'exemple à suivre.

Pour la première fois aussi, la dynastie présente le visage d'une véritable famille royale, unie et solidaire. L'union du duc d'Orléans avec Marie-Amélie permet aussi de rapprocher d'une famille respectable la branche honnie des légitimistes. Ce mariage représente une manière originale de concilier certains acquis de la révolution et la tradition monarchique. Louis-Philippe aurait pu réussir là où ses prédécesseurs ont échoué, mais il manqua de clairvoyance politique à la fin de son règne et se révéla trop timoré dans l'élargissement du corps électoral. Le dernier roi fut chassé par les enfants des émeutiers qui l'avaient porté au pouvoir quelque dix-huit années auparavant.

Marie-Amélie de Bourbon-Sicile (1782-1866)

Épouse de : Louis-Philippe Ier (en 1809)

Descendant des familles d'Autriche, d'Espagne et apparentée à la famille de France, fille de Ferdinand Ier roi des Deux-Siciles, Marie-Amélie peut se prévaloir d'un prestigieux lignage.

Dans sa jeunesse, elle tremble en écoutant les histoires de la Révolution française et surtout la nouvelle de la mort de sa tante, Marie-Antoinette. C'est dans ce contexte troublé d'un monde qui s'effondre que la jeune fille fait l'objet de divers projets matrimoniaux. La piste de Louis-Philippe d'Orléans est retenue, même si le prince n'est autre que le fils de Philippe-Égalité, le prince régicide. Marie-Amélie n'est pas très belle, mais elle sait être gracieuse et possède un regard bleu et vif. Le mariage est célébré à Palerme en 1809 alors que Napoléon règne à Paris. Marie-Amélie a vingt-sept ans et son époux en a trente-six. Le duc a déjà connu une vie mouvementée qui l'a mené de l'Europe aux États-Unis. Marie-Amélie donne dix enfants à son époux et apparaît comme une excellente mère de famille. Pieuse et discrète, elle forme avec Louis-Philippe un couple qui tranche avec les autres modèles de la lignée royale. Louis-Philippe et sa famille s'établissent en France en 1817. Louis XVIII se méfie de ce cousin qui professe des idées trop libérales à son goût, mais il veut donner l'image d'une famille royale unie. Marie-Amélie est plus respectée à la cour où l'on apprécie son royalisme exacerbé, sa stricte conduite catholique et son statut de nièce de Marie-Antoinette. À l'issue de la révolution qui chasse Charles X du trône en 1830, Marie-Amélie est placée face au pire dilemme de son existence. Cette femme élevée dans le strict respect des traditions ne peut cautionner un mouvement de révolte populaire. Néanmoins, elle se doit d'être solidaire de son époux et d'accompagner son destin. Elle est donc obligée de coiffer cette « couronne d'épines » (selon ses propres mots) qui en fait une « reine des Français ». Elle ne goûte guère sa position de reine placée sur le trône à la faveur d'une révolution mais elle s'applique à remplir son rôle. En vérité, elle se console en menant une vie de famille exemplaire même si elle assiste avec peine à la disparition des valeurs qui ont toujours été les siennes. Fidèle à son époux, elle le soutient et lui apporte le réconfort dont il a besoin. Elle se soucie peu des moqueurs qui voient en eux un couple bourgeois ; elle aime Louis-Philippe et le roi lui rend son amour. C'est un cas assez rare dans l'histoire de France pour être souligné. C'est une autre révolution qui chasse Louis-Philippe du trône en 1848. Marie-Amélie est la femme de la situation. Face à un mari anéanti, elle se charge d'organiser l'exil en Angleterre et apparaît comme le véritable chef de la famille. Elle entretient notamment une correspondance suivie avec sa fille Louise-Marie devenue la première reine des Belges en épousant Léopold Ier.

Elle meurt en 1866 à l'âge de quatre-vingt-quatre ans. La femme qui ne voulait pas être reine sera la dernière reine en France.

Bibliographie abrégée

Bien connaître les généalogies des rois de France, Jean-Charles Volkmann, éditions Jean-Paul Gisserot, 1997

Mémento des rois de France, Claude Wenzler, éditions Ouest-France, 2003

Les Souverains de France, Maurice Griffe, éditions Maurice Griffe, 2001

Dictionnaire des Reines de France, Christian Bouyer, Perrin, 1992

Les Reines de France, des femmes au cœur du pouvoir, Paule Lejeune, Succès du Livre, 1996

Rois et Reines de France, duc de Castries, Tallandier, 1979

L'ABCdaire des rois de France, Flammarion, 2000

Site Internet de l'auteur

http://www.patrick-weber.com

Librio

782

Composition PCA – 44400 Rezé
Achevé d'imprimer en France par CPI Aubin Imprimeur
en août 2010 pour le compte de E.J.L.
87, quai Panhard-et-Levassor, 75013 Paris
Dépôt légal août 2010
EAN 9782290352281
1er dépôt légal dans la collection : juillet 2008

Diffusion France et étranger : Flammarion